日本テニス協会認定資格

公益財団法人
日本テニス協会 [監修]／今井茂樹 [著]

テニピンリーダー
公式テキスト

テニピンの
基本ルール＆
課題別練習を
動画で学べる!

☑ 理解度
チェックリスト
で簡単復習!

＼目指せ!／
テニピンリーダー!

TOYOKAN BOOKS

はじめに

　世界各国で行われている「テニス」は、フランスをはじめとする中世ヨーロッパで行われていた「ジュ・ドゥ・ポーム（手のひらゲーム）」がその後、イギリスにわたり現在の「テニス」へ変遷を遂げたと言われています。

　世界トップ選手のテニステクニックを見ていると、自由自在にラケットとボールを操っているように見え、いつかはあのようにプレーしてみたいと憧れてしまいます。

　テニスの技術が難しいのは、ラケットという道具を使い、グリップ（手のひら）から50cm ほど先のラケットフェイスでボールを捉えコントロールすることにあります。自分の手に近ければ打球の感覚はより鮮明となります。ラケットは手の延長であると考えると、ボールコントロールは手でボール遊びすることから始まります。

　「テニピン」は「ジュ・ドゥ・ポーム」に近い感覚でボール遊びをすることができ、ラケットに持ち替えた後でも、より高いラケットワークを実現できると考えています。それは相手とラリーやゲームをする際に必要となる戦術面を支えることになります。

　テニスの勝負は一本のビッグショットだけで決まるのではなく、試合中に起こる自分自身のメンタル的な抑揚や相手の心理を推察する力など、考える力・感じ取る力が試合の流れをつかむものです。「テニピン」はゲームを楽しみながら考える力・勝負を楽しむ力を育てることにもつながります。

　また、テニスの面白さのひとつに、仲間とのコミュニケーションがあります。「テニピン」も同様に相手とゲームをすることで仲間が増え、パートナーやチームでの助け合いでチームワークを学び、生きていく基礎をつくります。グローバルなスポーツであるテニスで世界中に仲間をつくり、これからの国際社会に貢献してもらいたいと願っております。

　2018 年「Mayo Clinic Proceedings」誌に掲載された論文の中に、テニスが最も平均寿命を伸ばすスポーツと報告されました。少しでも多くの人がテニスにより、健康で幸せな人生を送ってほしいものです。

　スポーツを好きになるかどうか小学校の体育授業は大きな意味をもっています。子どもたちのスポーツ心を刺激し、身体を動かす大きなチャンスとなります。誰もがボールに触れることができ、ラリーする楽しみを味わえる「テニピン」は体育授業の大きな助けになることでしょう。「テニピン」は日本のみならず、世界中の子どもたちや高齢者に笑顔を提供できるものと確信しています。

日本テニス協会常務理事　植田　実

目次　CONTENTS

（第 **3** 章）

ステップアップ
～目指せ！ テニピンマスターへの道～

第1章

「テニピン」を知ろう！

動画でCheck!

テニピンガイド

1

01 運動・スポーツ指導の問題点

運動・スポーツ指導は誰のために行っているのか？

　跳び箱の授業において、一列に並び、同じ技に淡々と取り組む子どもたちの姿が見られることがあります。同様に、テニスレッスンの中でも、子どもたちは一列に並び、コーチが打つボールを淡々と打ち返し、打ち終わったら、列の最後に並ぶといった光景が見られます。運動・スポーツ指導は誰のために行っているのでしょうか。それは、**「子どもたちのため」**です。子どもたちが、**「楽しい！」「もっとやりたい！」****「うまくなりたい！」**と思える指導について、指導者は考えていく必要があるのではないでしょうか。

● スキル指導重視の問題

　体育の授業やスポーツ指導場面において、スキル指導を重視する傾向にあります。例えば、跳び箱の授業では、開脚跳びができるようになることが、鉄棒の授業では、逆上がりができるようになることが目指され、そのことが評価されます。テニス指導においても、グリップの握り方、スイングの仕方、そして球出しからボールを打つといった段階的な指導によって、ストロークのスキルアップが目指されます。スキルを定着させることは重要なことですが、そこに子どもたちの必要感が伴っていなければ、主体的な取組とならず、結果的に上達しないという結果に陥ってしまいます。

> **POINT** 子どもたちの目線で考える
> 1．子どもたちの「楽しい」「やってみたい」「うまくなりたい」を重視する。
> 2．子どもたちが必要感をもてるような学びの場を提供する。
> 3．子どもたちが主体的に活動できるような環境や内容を設定する。

子どもの「必要感」と「主体性」を大切にする！

指導者は環境設定のアイデアマンになる

　指導者には、子どもたちの「やってみたい」「どうすればできるのだろう」といった必要感や主体性を発揮できるように、様々な環境（場やルールの工夫など）を創造していく力が求められます。

　例えば、跳び箱運動であれば多様な場をつくり、運動遊びの中で、基礎的運動感覚が養えるように、**環境設定を工夫**します。また、テニスであれば大きなテニスコートでラケットをもって…といったテニスの固定観念を取り払い、小さいコートで、手の平や手にはめ込むタイプのラケットを使用して、**今もっている力**でゲームを楽しめるような環境をつくります。こうした指導者の創意工夫が、子どもたちの**必要感**や**主体性**につながっていきます。

 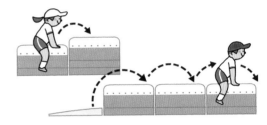

ワンポイントチェック〜茂樹先生と修造先生から一言〜

できれば楽しいけれど、できなくても楽しい環境を私たち指導者は創造していく必要があります。子どもたちが、豊かなスポーツライフを実践できるように！

テニピンマスターの視点から

子どもたちには、そのスポーツに初めて触れるときに「楽しい！」という感情を味わってほしいですね。その楽しさがあるからスキルに必要感が生まれてくるのです！

プロテニスの視点から

テニピンリーダーへの道

子どもの「楽しさ」を重視すべし！

02 伝統的授業の課題解決ポイント

伝承されてきたドッジボールの授業から見える体育科指導の課題と改善策

　ドッジボールと言えば、運動が得意な子は最後までコートの中に残り、ヒーローとなるが、苦手な子は早々に外野へと追いやられてボールに触れることもなくゲームが終了する、そんな経験がある方もいるのではないでしょうか。

　伝統的に行われてきたドッジボールのやり方を**批判的に検討**し、どの子でも活躍し、楽しさを味わうことができる、**ドッジボール特有の楽しさを全員に保障する**ような指導が、よりよい体育授業づくりを目指すうえで求められています。

● 子ども時代に受けてきたドッジボールの授業

　クラスを2つに分けて、ボールを当てられた人は外に出るが、コートの中の相手チームの誰かにボールを当てたら再び中に入れる。そして、コート内の全員が当てられてしまったら負け…。

　運動が得意な子は、最後までコートの中で頑張り続けてヒーローとなる。一方で、運動が得意でない子は、ゲーム早々に当てられて外野へと追い出され、その後は二度とボールに触れることなくゲーム終了という悲しい姿が見られました。

POINT よりよい体育授業づくりに向けて

1．伝統的に行われてきたやり方を批判的に検討する。
2．どの子どもにも活躍の機会と楽しさを保障する。
3．教師がいかに学び、工夫していくかが大切である。

改善に挑戦する!
授業は工夫次第で大きく変わる!

・小さなコートがたくさんつくられる。
☞ ボールを手にする機会は増え、投げる力が弱い子でも当てるチャンスがある。
・コートの中には1人入り、相手コートを囲む三方の外野にいる3人の味方と協力しながら、向かい合った2人が互いにボールを当て合うというルール。
☞ どのコートも、ボールを投げる、受ける、身をかわす嬉々とした姿が見られる。
・ボールの空気は少し抜いてあり、当たっても痛くない。
・時間制で進め、その時間内は当てられてもコート内でプレーし続けることができる。
・1回当てると1点、1回捕っても1点とし、合計得点で勝敗が決まる。
☞ 積極的に投げ、捕るゲームとなる。

> 学生A「教師の工夫次第で体育の授業は大きく変わるんですね!」

● 工夫と学びを生かした授業づくり

　上図は、問題を感じて改善に取り組んだ先生の実践事例です。ボールを手にする機会が増え、投げる力が弱い子でも当てるチャンスがあるため、ボールを投げる、受ける、身をかわす嬉々とした姿が見られる積極的に投げ・捕るゲームとなり、ドッジボールの楽しさを子どもたちが存分に味わえる授業に変化を遂げました。ここでは、「個別最適な学び」が保障されています。

ワンポイントチェック〜茂樹先生と修造先生から一言〜

個が輝けているのか、その運動特性を味わえているのか、批判的に検討することが、よりよい授業づくりや指導法につながっていきます。

テニピンマスターの視点から

僕もテニス指導では、個に最適なプレースタイルを伸ばすことを意識して指導に当たっています。過去の指導にとらわれない最新の指導法をアップデートしていきましょう!

プロテニスの視点から

> テニピンリーダーへの道

工夫×学びで授業をアップデートすべし!

03 今求められる幼少期の子どもたちへの運動・スポーツ指導の在り方

豊かなスポーツライフ実践者を育む

　現代の子どもたちは、生活環境の変化により、ゲーム機器での遊びが増えたり、遊び場が減ったり、体を動かす機会が減少しています。こうした遊び方の変化により、体力や運動能力が低下していることが様々な場面で報告されています。

　子どもの体力や運動能力は、活発に体を動かして遊ぶ習慣や規則正しい生活習慣の影響が積み重ねられて徐々に向上します。生涯に渡る心身の健康づくりの観点からも、幼少期から**体を動かす楽しさ**に触れ、その継続による運動習慣づくりに努めることが大切です。

スポーツにおける指導観

　「学校で好きな教科は？」と子どもたちに聞くと、上位に「体育」が挙がります。一方で運動嫌いな子どもたちもいるといった、運動の二極化が問題視されています。運動嫌いは、指導者における指導観に起因しています。外発的動機付けを基にした指導観（**外発的指導観**）では、子どもたちは受動的な取組となり、その結果、運動嫌いが生まれる可能性があります。一方で、内発的動機付けを基にした指導観（**内発的指導観**）では、子どもたちは楽しみながら主体的に取り組み、その結果、技能や体力が高まっていきます。良質な指導者を目指して、**内発的指導観**について深く考えることが重要です。

スポーツにおける指導観

「学校で好きな教科は？」と質問すると上位に「体育」が挙がる！
一方で運動不足な子どもたち…、運動が嫌いといった二極化が…

指導観（外発的）
「できる・できない」技能指導
「運動不足解消」体力向上
効果的特性・構造的特性

指導観（内発的）
「運動の面白さを！」
構造的特性　　効果的特性
機能的特性

受動的に取り組み、その結果、
運動嫌いが生まれる可能性

主体的に取り組み、その結果、
技能や体力が高まる

持ち越し効果

生涯に渡って運動に親しむ…豊かなスポーツライフの実践者

良質な教育者・指導者を目指して！

教材づくりは？　　　授業づくりは？　　　指導法は？

POINT 内発的指導観を中心に考える

・幼少期の子どもたちには、「体を動かす楽しさ」を提供する。

・子どもたちの楽しさを大切にした内発的指導観を重視する。

・内発的指導観を中心に、必要に応じて外発的指導観を発揮する。

内発的指導観を発揮する!

● 内発的指導観×外発的指導観＝持ち越し効果

　子ども時代の運動習慣は、大人になってからの運動習慣に好影響を及ぼし、ひいては大人になってからの健康状態にも影響することが知られています（持ち越し効果）。

子どもが「やってみたい」「面白い」と感じるような運動遊びや身体活動を提案し、それを「続けたい」という欲求につなげていくことが求められます。重要なことは、内発的指導観をベースに、必要に応じて外発的指導観を取り入れ、バランスのよい指導をしていくことです。

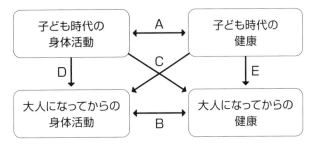

身体活動と健康

身体活動・健康状態の **持ち越し効果**

Boreham and Riddoch（2001）一部改変

テニピンマスターの視点から

ワンポイントチェック〜茂樹先生と修造先生から一言〜

「やってみたい」「面白い」からスタートした運動は、その後、「もっと上手くなりたい」と自分事として学びを深めていくようになります。学びの必要感が生まれれば、ラーニングスピードも速くなります。

内発的指導観だけではなく、外発的指導観を取り入れていくことは大切ですね。楽しいを、もっと楽しいに変えていくために、必要に応じて、技能指導を行っていくことは、スポーツ指導には欠かせません！

プロテニスの視点から

テニピンリーダーへの道

外発的指導観も必要に応じて発揮!

04 個別最適な学びを保障する指導の在り方・工夫

動画でCheck!

個人のめあてに応じた自己選択

　現在の教育において、「個別最適な学び」が注目されています。体育科教育の中では、**「個人のめあて」**を重視した学習指導がなされてきたため、この概念は目新しいものではなく、「めあて学習」が強化されたものと言えます。しかしながら、**「個人のめあて」**をもって学習をすると言っても、めあての適切なもち方やめあてに応じた練習の場がなければ、個に最適な学びは保障されません。そこで、提案したいのは、個人のめあてに応じた場所で練習できるように、いくつかの場を提供し、**選択**できるようにすることです。

● 自己決定できる場の保障

　問題解決の第一歩、**「自己決定できる力」**です。しかし、何もない中で、決定していくということはハードルが高くなります。そこで、いくつかの場を用意し、自己決定できる機会を保障します。その経験の積み重ねにより、場を選ぶのではなく、場を自ら創造し、自分のめあてに応じた練習や環境を構築できるように成長していきます。こうした能力は、まさに**「問題解決力」**と言えるのではないでしょうか。指導者は、「これをやりなさい」と強制するのではなく、「選択」できる環境を準備し、その中で指導性を発揮していくことが重要です。個別最適な学びを経験した子どもたちの姿を動画でご覧ください。

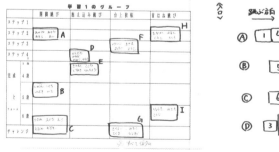
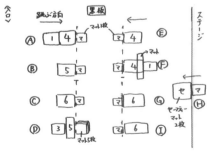

POINT 個別最適な学びを保障する

・個人のめあてを重視する。

・場を多くつくり、練習の場を自己決定できるようにする。

・子どもが自己決定した環境の中で、指導性を発揮する。

個人やチームのめあてに応じた場を保障する!

　ボールゲームでは、「作戦タイム」と称して練習の時間を設ける授業を目にします。しかし、そこでの練習は、ただパスやシュートの練習をするなど、目的をもたないまま展開されることが少なくありません。指導者の「練習しよう」という「丸投げ」指導に起因しています。子どもたちが自分たちのチームの課題に向き合い、いくつかの場をつくり、選択できるようにすることが大切です。ゴール型ゲームであれば、「運ぶ」「組み立てる」「シュートする」という3つの局面があることから、この3つの局面に応じた練習の場を考え、子どもたちがチームの課題をもとに練習を選択できるようにします。こうした経験を積むことにより、オリジナルの練習を創造できるようになります。

3つの局面に応じた練習の場を考える

ワンポイントチェック〜茂樹先生と修造先生から一言〜

自己決定は、個々の必要感のもと行われているため、主体性が発揮されていると言えます。幼少期の運動・スポーツ指導の中では、選択する力を付けることで自己決定力を高めていくことが重要です!

テニピンマスターの視点から

意外と思われるかもしれませんが、僕は根拠のない「根性論」が嫌いです。目標を達成するための具体的な「方法を教えること」で子どもたちは自己選択しながら、取り組むことができるのです!

プロテニスの視点から

テニピンリーダーへの道

選択できる力を高めるべし!

第1章 「テニピン」を知ろう!

05 運動特性を重視した運動・スポーツ指導

その運動がもつ特有の性質を「面白さ」という観点から見る

　「特性」とは、他の種目と違うその運動特有の性質を**「面白さ」**という観点から見ることです。遊び（プレイ）を保障するために特性を保障することが大切であり、そのためにルールや場などの工夫が求められます。サッカーであれば、サッカー特有の面白さが存在し、その面白さがどこにあるのかを指導者が理解し、子どもたちに提供することが遊び（プレイ）の保障につながります。幼少期の運動・スポーツ指導では、オフィシャルのルールに拘るのではなく、その**運動特有の面白さ**に触れさせることを重視します。

●プレイ論とは（ヨハン・ホイジンガ／ロジェ・カイヨワ）

　ヨハン・ホイジンガ（1938）は、『ホモ・ルーデンス』で、「**遊びとは何かのためではなく、遊びにある面白さを求めて行われる**」ことを示しています。例えば、幼児の「ままごと」は将来の夫婦生活のために行うのではなく、**遊びにある面白さを求めて行っています。**また、ロジェ・カイヨワ（1958）は、ホイジンガの論を継承しつつ、批判的に検証したうえで『遊びと人間』の中で、遊びの定義として6つ（①自由、②日常からの分離、③不確定、④非生産、⑤ルール、⑥虚構）を挙げ、これらを「プレイ」と一言でまとめています。

遊びの定義

①自由	④非生産（有益×）
②日常からの分離	⑤ルール
③不確定	⑥虚構（例：ダンス演劇）（つくりごと）

POINT なんとも説明のしようのない面白さを求めて

・運動を手段として扱わない。

・運動を楽しむことを目的とする。

・「なくてもいいけれど、あれば生活が豊かになる文化」として遊び（プレイ）を保障する。

人は「面白さ」を求めてスポーツをする!

3つの特性〜機能的特性を中核に〜

「機能的特性」は運動を行う人の欲求や必要を充足する機能に着目した特性であり、自己目的的にスポーツを捉える考え方です。「効果的特性」は運動が心身の発達に与える効果に着目し、「構造的特性」は、運動の形式や技術の仕組みに着目した特性です。この2つは、運動を手段として捉える考え方です。子どもたちにとって運動・スポーツの面白さを味わうという方向で、そこでの学びが限りなくプレイ（遊び）に近い経験となるように計画していくことが、指導者には求められます。すなわち、機能的特性を中核に据えて、子どもの目線に立って指導していくことが大切です。

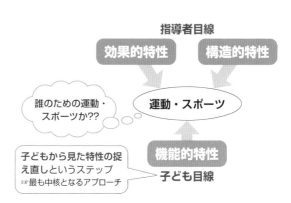

テニピンマスターの視点から

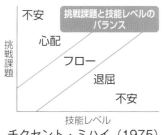

技能レベル
チクセント・ミハイ（1975）
※一部改変

ワンポイントチェック〜茂樹先生から一言〜

【フロー理論】
チクセント・ミハイ（1975）は、楽しむということは「あっという間に終わってしまうことだ」と述べています。このように自己意識から解放され、**楽しさを感じる状態（没頭状態）を「フロー」**と言います。「フロー」になるためには、挑戦課題と技能レベルのバランスが条件となります。指導者は、子どもたちが「フロー」を味わえるように、挑戦課題と技能レベルを見極め、**個別最適な学び**を保障していきましょう！

テニピンリーダーへの道

個別最適な学びでフローを保障すべし!

06 テニスの本質的な面白さとは

「テニスは難しいから学校体育ではできない」という固定観念

　「テニスはラケットを使うので難しい」「大きなコートがないからできない」「用具にお金がかかる」といった問題点が取り上げられ、これまで小学校体育では長い間、テニスは実践されませんでした。また、多くのテニス関係者からもテニスは、「ラケットをもってプレーするスポーツ」という固定観念がうかがえます。

　しかしながら、**テニスの本質的な面白さ**は、ラケットをもってプレーすることや、テニスコートでプレーすることにあるのでしょうか。**テニスの特性**、すなわち**面白さ**がどこにあるのかを検討する必要があります。

● 歴史に目を向ける〜テニスの原型であるジュ・ド・ポームに着目〜

　テニスの面白さを探るために、テニスの原型と言われるフランスで始まった**ジュ・ド・ポーム**に目を向けてみると、手の平でボールを打ったり、手の平を包み込むようなタイプの用具を使用したりするなど、小学校体育におけるテニス型ゲームとして実践されている「テニピン」と同様の形態で行われていることが確認できます。

　そして、ジュ・ド・ポームと「テニピン」は共通して、「**相手から送られてきたボールを状況判断しながら、直接的に返せるか、返せないかを通して得点を競い合う**」ところに面白さを求めてプレーしていたことがわかり、そこに、**普遍的なテニスの面白さ**を見いだすことができました。

> ★相手から送られてきたボールを**返せるか・返せないか**
> ☞サーブは相手が打ちやすいようにやさしく
> →**ラリー展開の中でいかに得点するのかに面白さを見いだす**（状況判断）
> ☞さらに**発展的に**……ラケットの登場、ルールの変更

POINT 運動・スポーツの本質的な面白さを追究する

・現代スポーツのオフィシャルルールに拘らない。
・子どもの視点から本質的な運動・スポーツの面白さを追究する。
・運動・スポーツの歴史を遡り、類似点や共通点を検討する。

「攻防のバランス」を視点に
テニスの面白さを再検討する!

「テニスの本質的な面白さとは何か?」その問いを深く探るために、テニス界に存在する過去から現代までのテニス型ゲームに着目してみました。それぞれの面白さはどこにあるのかを「攻防のバランス」(鈴木、2018)を視点に検討した結果、ラケット使用の有無とは独立した部分として、「攻防のバランス」が成立する中で、「相手から邪魔されないという利点を生かして、相手から送られてきたボールを状況判断しながら、直接的に返せるか、返せないかを通して、得点を競い合うところに面白さがある」と示唆することができました。ここに、普遍的なテニスの面白さを見いだすことができるのです。

こうしたテニスの面白さを子どもたちに提供することにより、子どもの「やってみたい」「面白い」を引き出します。

【ジュ・ド・ポーム／現代テニス／ P&S ／テニピン】

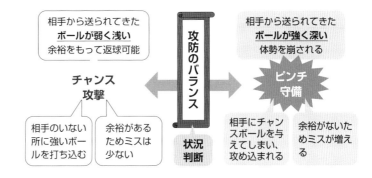

テニピンマスターの視点から

ジュ・ド・ポームもテニピンもグローブ型のラケットでボールを打ち合います。テニスは「手ニス」とも言われるように、手の平でボールを捉える感覚はラケット操作に肯定的な影響を与えます!

ワンポイントチェック〜茂樹先生から一言〜

テニピンラケット

約 500 年前の手袋型ラケット
(横浜山手テニス発祥記念館提供)

テニピンリーダーへの道

スポーツの歴史に興味をもつべし!

07 学習指導要領上における テニピンの位置付け

ネット型ゲーム「バドミントンやテニスを基にした易しい（簡易化された）ゲーム」

『小学校学習指導要領（平成 29 年告示）解説　体育編』（文部科学省、2017）において、ネット型ゲームに位置付く形で、**「バドミントンやテニスを基にした易しい（簡易化された）ゲーム」（中・高学年）**が例示されました。この例示により、小学校体育において、テニス型ゲームが実践可能となったわけですが、「このような例示のされ方をしても、何をやったらいいのかわからない」といった現場教員の声を各地で聞くようになりました。そこで、筆者は**「テニピン」の魅力**を日本テニス協会と連携しながら、広める活動をしています。

● ネット型ゲームは「連携型」「攻守一体型」に分類される

ネット型ゲームでは、その他に「ソフトバレーボール」や「プレルボール」が例示されています。多くの学校では、「ソフトバレーボール」が採用されているのではないでしょうか。これらのゲームは、ネット型ゲームの**「連携プレイ型」**に位置付けられます。一方で、テニスのようなゲームは**「攻守一体型」**に位置付けられます。両者は同じネット型として括られていますが、特性は全く異なります。こうした特性に着目した際、多種多様な運動に触れさせるという視点からも、テニスのような「攻守一体型」を小学校体育授業で取り上げる意義が認められます。

アーモンドら	学習指導要領	高橋健夫（※一部改変）
侵入型	ゴール型	シュートゲーム型
		陣取りゲーム型
ネット・壁型	ネット型	攻守一体型
		連携プレイ型
守備・走塁型	ベースボール型	
ターゲット型		

POINT 小学校学習指導要領上での扱いを理解する

・学習指導要領におけるテニス型ゲームの位置付けを理解する。

・ネット型ゲームの中でも、「連携」「攻守一体」の視点で分類される。

・ネット型の中の「攻守一体型ゲーム」の位置付けとして「テニピン」が存在する。

40人学級でもテニス型ゲーム 「テニピン」は実践可能!

● 個が輝くゲームとしての「テニピン」

　2017年に学習指導要領が改訂された際、当時の文部科学省の関係者と対談する機会がありました。そこで、なぜ「バドミントンやテニスを基にした易しい（簡易化された）ゲーム」が例示に入ったのかを聞いてみました。**少子化**になり、**小規模校や少人数学級**では、テニスのようなシングルスやダブルスで行うゲームも実践できたほうが個人の運動量保障にもつながるし、学びも自分事となり効果的だという回答でした。「なるほど！」と思うと同時に、40人学級でもテニスのようなゲームができれば、**個が輝く機会の保障**につながると考え、40人学級で、どの学校でも対応できるテニピンの授業づくりを確立しました。

ワンポイントチェック〜茂樹先生から一言〜

テニピンマスターの視点から

- ●一般的にシングルスやダブルスでゲームが行われるため、個人がボールに触れる機会が多く、得点する機会も増える。
- →他のボールゲームにはない「個が輝ける」よさがある。
- ●多種多様なボールゲームの学習経験、中学校への接続がもてる。
- ●成功体験はもちろん、失敗体験も自分のこととして考えることができる。

テニピンリーダーへの道

テニピンで個を輝かせるべし!

08 テニピンで身に付く資質・能力
①スキル（知識及び技能）

主体的・対話的で深い学びを目指して

現行の小学校学習指導要領（文部科学省、2017）では、「資質・能力の育成に向けて、児童の主体的・対話的で深い学びの実現を図るようにすること」と示されています。そして、これら資質・能力の中核となるのが、体育の特質に根ざした「見方・考え方」となります。豊かなスポーツライフの実現を目指して、**「知識及び技能」「思考力、判断力、表現力等」「学びに向かう力、人間性等」**を独立的にではなく、横断的な学びを通して育んでいくことが重要です。

ここでは、**スキル（知識及び技能）の視点**から解説します。

● スキル（知識及び技能）で評価される体育授業にストップを

体育では、「できる・できない」といった技能が着目されます。「できないから、体育が嫌いになった」「できないから、体育の評価も低かった」「できなくて、恥ずかしい思いをした」など、技能で体育全体の成績が評価されたり、自己肯定感を下げられたりするといった声を数多く聞いてきました。しかし、今求められる体育の「見方・考え方」では、「する」ことだけではなく、「見る」「支える」「知る」という多様な関わり方や楽しみ方が示され、楽しかったり、存在感を感じられたり、役に立ったなと思える授業づくりが求められています。

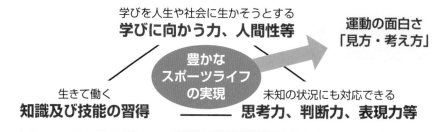

主体的・対話的で深い学びの実現

POINT 横断的な学びを展開する

・「する」だけでなく「見る」「支える」「知る」ことも重視する。
・運動・スポーツの面白さを「できる・できない」のみで捉えない。
・「知識及び技能」「思考力、判断力、表現力等」「学びに向かう力、人間性等」といった資質・能力を横断的な学びを通して育む。

「打ち方×状況判断」を通して、スキル（知識及び技能）を育む！

● 状況判断から打ち方が決まる

テニピンにおけるスキル（知識及び技能）としては、相手コートに打ち返すスキルが重視されます。相手コートに返せなければ、ラリーが成立しませんから当然のことです。このスキルは、自分と用具とボールの距離感をつかみ、そしてボールのバウンドリズムに合わせる感覚、すなわち**打点感覚**を伴います。さらには、つなげるとき、攻めるときには、どのような打ち方をするのか、**状況判断**も伴います。こうした学びを全体で振り返りながら共有し、理解を深めることが大切です。

打つ「面白さ」の振り返り

【つなげるとき】　**【攻めるとき】**

【4時間目】
・「**低い姿勢で！**」→目の近くで打つといい（錦織選手のエアKも！）
・走りながら打つとつまってしまう→**止まって打つ**

【5時間目】
・引いて、構えて打つとよい
→**引くと横向きがつくれて、強いボールを打てる**
・低くて速いボールの打ち方
→**低い姿勢・目線でボールを打つ**

> 打ち方を
> 工夫して、
> オープン
> スペースを
> 攻めよう！

ワンポイントチェック～茂樹先生と修造先生から一言～

自分と用具とボールの距離感をつかみ、ボールのバウンドリズムに合わせて打つ感覚は、他の様々なボール運動の基礎的運動感覚の育成につながります。まさに、コーディネーション運動の1つと言えますね！

テニピンマスターの視点から

子どもの頃に、自ら決断する力を付けることはとても大切です。テニスでは、「イン」「アウト」含め、決断する場面が数多くあります。小さな決断を積み重ねることで、大きな決断も自分を信じて行うことができるようになります！

プロテニスの視点から

テニピンリーダーへの道

横断的な視点でスキル定着を目指すべし！

08 テニピンで身に付く資質・能力
②状況判断能力（思考力、判断力、表現力等）

テニピンでは状況判断を学びの中核にする

　テニピンの学習を終えた子どもたちに、「テニピンのどのようなところが面白かったか」を聞くと、「どこにボールを打つといいか考えるのが楽しかった」「空いているスペースを見つけて打って得点できたとき、嬉しかったし、そのときに面白い！と感じた」と返答があることから、状況判断に関連した思考部分に面白さを感じていることがわかります。「できる・できない」だけでなく、「考える」ことに面白さを感じ、考えたことを身体や言語で表現し、チームに貢献しようとする姿が見られます。

●「考える」ことを重視する

　テニピンでは、相手から送られてきたボールをどこにどのように返せばよいかという課題が、毎回のラリーで課せられます。シングルスやダブルスでゲームをするため、個人個人が常にそのことを考えてプレーすることになります。どうすれば返せるか、得点できるかを考える機会が多いため、自分事としてゲームに参加できるようになります。

　ここで重視したいのは、その考えたことを表現する場をつくることです。運動能力が高い子は身体で表現する、言語力が高い子は言語で表現する。こうした表現力を鍛えることで、「できる・できない」にとらわれることなく、全員が自己肯定感を高くもって授業に参加できるようになります。

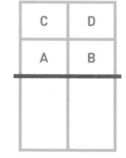

POINT 思考したことを表現する力を鍛える

・「どうすれば得点できるのか」について思考できるよう図面を活用する。

・思考したことを身体や言語で表現する環境をつくる。

・状況判断×技能を重ね合わせて学習課題について考える。

ABCDの図面を通して視覚的に状況判断を理解する!

　前ページの左下図のような ABCD の図面を通して、どうしたら得点できるかについて、視覚的に個々やチームで考え、実践し、授業終わりに全体で共有します。まずは「**深い・浅いの状況判断**」から、次に「**前後左右の状況判断**」、発展的に「**対角線の状況判断**」というように、**スモールステップ**で学びを積み重ねていくとよいでしょう。また、下図のように分析カードを使うことも学びを深める手立てとしておすすめです。

　以下に、子どもたちが考えた振り返りの内容を示します。

【ステップ1：浅い・深いの状況判断】

　相手からボールが自陣コートのAかBに送られてきた場合は「浅い」と判断し、強く返球したり、ねらって返球したりして攻撃します。一方、ボールがCかDに送られてきた場合は、「深い」と判断し、相手コートにどんなボールでもよいので、返球したり、高いボールで返球したりして守ります。

【ステップ2：前後左右の状況判断】

　Dにボールを集め、Dに相手2人がポジショニングしている状況を判断して、空いている空間Cにボールを返球します。

【ステップ3：対角線の状況判断】

　思考力が深まると、対角線にボールを返球すると、長い距離を相手に走らせることができることに気付きます。D→AやB→Cといったボールの返球の仕方です。

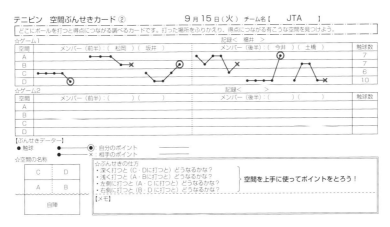

テニピンリーダーへの道

状況判断を視覚化すべし!

08 テニピンで身に付く資質・能力
③他者からの学び（学びに向かう力、人間性等）

テニピンで集団的達成感を味わう

　テニスは、個人種目ですので、バスケットボールやサッカーのように、チームで作戦を考えるといったイメージをもちにくいのではないでしょうか。しかし、テニピンでは、4人～5人で1チームをつくり、団体で勝敗を競い合うため、個々だけではなく、友達やチーム全体のプレーにも目が届くようになり、**集団的達成感**を味わうことができます。そして、チームとしての勝利を目指していくため、作戦を考えたり、個々の状況判断や技能について伝え合ったりしながら、学びを深めることができます。

他者からの学びの必要感

　これまでの小学校体育で取り上げられてきたボールゲームは、バスケットボール、サッカー、ソフトバレーボール、ティーボールなど、チームスポーツが中心です。学習課題に「作戦を考える」ことが示されるため、必然的にチームで話し合う姿が見られます。しかしながら、この話合いの中をのぞいてみると、「もっと応援しようよ」「誰が前半の試合に出る？」といった、**作戦とは程遠い内容**になっていることもしばしばです。

　テニピンでは、個人が必ずボールに触れ、得点できる機会が保障されていることから、「どうしたら相手コートに返せるのか」「どうしたら得点できるのか」が**自分事**となり、また、他者の動きや考えにも興味をもつようになります。この**必要感**こそが、学び合いのベースになるのです。

　　融合　

POINT 学びに向かう力、人間性等を育むために

・チームとして達成感を味わえる環境をつくる。

・個と集団の学びを結び付ける。

・肯定的な人間関係が育まれる雰囲気をつくる。

個の学びを集団の学びに生かす!

個と集団の学びを結び付ける

　個と集団の学びを結び付けるための環境設定の1つとして、チーム戦にして、**合計得点で競い合う形態**をおすすめします。チームが勝つためには、自分だけではなく、周りの仲間も上達していくことが求められるため、他者の動きや考えに興味をもつようになります。チームで練習する際も、「○○さんと一緒にみんなで続ける練習をしよう」など、○○さんに寄り添った練習を行い、チーム全体で仲間の様子を共有することが可能となります。また、チームの中での個の役割を明確にして、ゲームに臨むことができるようにもなります。例えば、つなげることが上手な子と打ち込むことが上手な子がいれば、その2人をペアにして、お互いの長所を生かした作戦を考えることもできます。こうした、**他者理解**は、**豊かな人間性**を育むうえで欠かせない視点です。

指導者の肯定的な雰囲気づくり

　豊かな人間性を育むうえで、**肯定的な雰囲気づくり**も重要です。指導者が批判的な指摘をするのではなく、チームの中で個々のよさを生かした作戦を考えることができるように、**個々のよさ**を広めていくことが求められます。具体的には、子どもたちの身体的・言語的表現を「**認め、励まし、伸ばす**」といった肯定的な関わりを常に意識し、個々の頑張りを全体に広めていくことで、肯定的な雰囲気がつくられていきます。

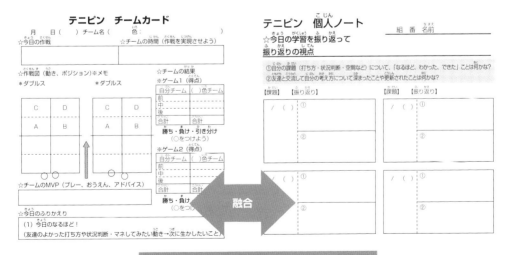

「認め・励まし・伸ばし」肯定的な雰囲気をつくるべし!

09 テニピンが貢献する 予測困難な社会に 対応する力

動画でCheck！

単なる知識・技能の所得ではなく、汎用的に活用できる資質・能力を

テニスの指導においては、まずはスキルを磨き、その後に戦術を学ぶといった指導が一般的に行われてきました。同様に、学校体育においても、スキルを身に付けることが先で、その後に作戦を考えてゲームをするといった授業展開がなされてきました。

これからの社会では、デジタル技術、人工知能に関わる技術の進歩、ICT の普及により、知識の単なる所得者は陳腐化し、その価値は低下します。運動・スポーツの場においても、**技能所得の必要感**が伴わなければ、その学び全体に価値が生まれません。

今求められる教育とテニピンの親和性

〈知識の体系から資質・能力の体系へ〉

獲得した知識や技能を自在に活用して、「何ができるか」。より詳細には、「どのような問題解決を現に成し遂げられるか」という汎用的な資質・能力の体系化が求められています。

〈資質・能力の三本柱〉

①知識及び技能、②思考力、判断力、表現力等、③学びに向かう力、人間性等

☞ 全教科一律で、この3つの資質・能力の育成が求められています。

☞ 教科等横断的な視点から、「3つの資質・能力の育成＝汎用的な資質・能力の育成」が目指されます。

> **POINT** 資質・能力の育成は世界のトレンド
>
> ・得た知識や技能を「生きて働かせる力」へ。
> ・教育に関する主要な問いは、「何を知っているか」から「何ができるか」。より詳しく言えば、「どのような問題解決を成し遂げられるか」への転換。
> ・予測困難な社会に対応できる人間力の形成。

知識基盤社会到来で、テニピンで学ぶ状況判断は価値あり!

社会的背景から読み解く

① 農業社会

気まぐれな自然に翻弄される不安定な状況下での生産・労働を余儀なくされる一方で、身の回りで生じるすべての事象に注意を払い、深く考え、お互いに協力して日々の生活、仕事改善・創造に当たっていました。

② 産業社会

18世紀イギリスを端に発します。人為的、計画的で安定な生産、労働環境をもたらしましたが、同時に単純で定型的な労働を淡々と遂行できる能力と心性が強く求められました。

③ 知識基盤社会

デジタル技術、人工知能に関わる技術の進歩、ICTの普及により、知識の単なる所得者は陳腐化し、その価値は著しく低下します。知識の創造と活用が駆動するのが知識基盤社会です（アイデアとイノベーションこそが富の源泉）。

〈テニピン及び、知識基盤社会において求められる力の関係性〉

状況における最適解をその都度、自力であるいは、他者と協働して生み出す力は、社会においてもテニピンにおいても求められます。

☞ **テニピンで育成したい力**は、**知識基盤社会において求められる力**、すなわち、**3つの資質・能力**（知識及び技能、思考力、判断力、表現力等、学びに向かう力、人間性等）と同様と言えます。

〈知識基盤社会〉
社会からの学校教育への期待と学校教育が長年目指してきたものが一致。
☞ 社会と学校が資質・能力を共有し、共に育んでいくことができる好機にある。

〈社会に開かれた教育課程〉
学校と社会が目標を共有する。
☞ 資質・能力を社会と連携しながら育むことを重視している。

〈UNIQLO ×テニピン（日本テニス協会）〉社会貢献、スポーツ・教育界への貢献
・次世代教育プログラムによる、テニピンの活用（錦織圭選手とのキッズテニピン教室）。
・日本で生活するアジア諸外国の子どもたちに、テニスの面白さを知ってもらうプログラムとしてテニピン教室を開催。

テニピンリーダーへの道

社会や教育と連携すべし!

10 これからのテニス指導におけるテニピンのコーチングについて

動画でCheck！

テニピンでテニスのミライを創る

　体育授業やテニススクール入会初期において、幼少期の子どもたちがテニスの特性を味わえるようにテニピンの指導法を工夫することの重要性はこれまでに述べてきました。さらに一歩踏み込んで、テニス普及を超えて、育成や強化の視点から、テニピンはどのようなことに貢献できるのかについて、**テニピンのコーチングの視点**を紹介します。具体的には、**①戦術的判断・状況判断能力育成という「育成・強化」の視点**、**②テニスに関わるコーディネーション能力育成という「普及」の視点**について言及します。詳細は第3章に示していますので、併せて確認してください。

● 日本発信のテニス力向上モデル

①テニピンというテニス型ゲームの体験

②戦略、戦術的の創造性（クリエイティブ）を開発

　まずテニスのゲーム性の理解を深めていく

③そのために必要なスキルとは？

　必要性を感じてスキルを学ぶ

　＝自ら発案した戦術や技術をゲームで再現させる

④個人のゲームを確立したり開発したりする思考

　戦術を実行する勇気と実行力

　スキルを学ぶ、向上させる意欲

　スキルを学ぶ必要なコーディネーション

　これらを備えてテニスへ移行する

⑤テニスの成熟度のスピード改善

⑥子どもたちのもつ思考がポテンシャルに

⑦今までにない唯一無二のプレースタイルの確立（個人のゲームの確立）

POINT テニス力向上のために

・戦術・状況判断からスキルへの学びの流れをつくる。

・テニピンでテニスに必要なコーディネーション能力を育む。

戦術・状況判断ファースト！
そのためにテニピンから！

テニピンの３つのポイント

（1）戦術ファースト・スキルの必要感

☞ 自分の思いを描く戦術・状況判断を再現し、テニス本来のゲームを学ぶ

×従来の「スキル→戦術・状況判断」という方向性ではなく、

◎「戦術・状況判断→スキル」という「スキル」の必要感への転換

※主体的な学びが発揮され、例えば、どうしてバックハンドが必要なのか、どうすれば上手く思いどおりに打てるようになるのか、といった「スキル」の必要感が生まれる。

（2）思考力・問題解決能力（状況判断能力）の育成

知識の創造と活用、そして駆動させることが重要

☞ 知識基盤社会（アイデアとイノベーションこそが富の源泉）

☞ 今、まさに教育界で求められる、世界で活躍するうえで欠かせない資質・能力

☞ 問題や課題を自分事として向き合い考え、解決に向かう思考力を開発

☞ どこにボールを打てばよいのか、この状況下で、どのようにすればよいかなど、対戦相手の思考を読み取る力が養われ、今までにないオリジナリティ溢れるプレイスタイルが創出

（3）コーディネーション能力の育成

☞ 難しいとされるラケット操作は、テニピンを経験することで、スムーズに移行できることがエビデンスベースで立証されている。このことから、今までにないスピードでラケット操作スキルの習得が可能（今井、2022）

☞ ①バウンドにリズムを合わせる身体感覚、②ボールが落ちてくるところを予測して、身体を意図的に動かせる空間認識感覚、③自分とラケットとボールの空間認知を判断する打点感覚、これら３つの感覚は、テニスに求められるラケット操作に必要不可欠なコーディネーション能力

※テニピンでは、こうした能力がゲームベースで養われていきます。

テニピンリーダーへの道

テニピンでテニス力向上スピードを高めるべし！

第1章 理解度チェックリスト

第1章で学んだことや身に付いた知識を、チェックリストで振り返りましょう！

Check 1 運動・スポーツ指導の問題点

- ☐ 子どもたちが必要感をもてるような学びの場を提供する。
- ☐ 子どもたちが主体的に活動できるような環境や内容を設定する。

Check 2 伝統的授業の課題解決ポイント

- ☐ 伝統的に行われてきたやり方を批判的に検討し、教師・指導者が工夫し、学び続ける。
- ☐ どの子どもにも活躍の機会と楽しさを保障する。

Check 3 今求められる幼少期の子どもたちへの運動・スポーツ指導の在り方

- ☐ 子どもたちの「体を動かす楽しさ」を大切にした内発的指導観を重視する。
- ☐ 内発的指導観を中心に、必要に応じて外発的指導観を発揮する。

Check 4 個別最適な学びを保障する指導の在り方・工夫

- ☐ 個人のめあてに対応できる場を多くつくり、練習の場を自己決定できるようにする。
- ☐ 子どもが自己決定した環境の中で、指導性を発揮する。

Check 5 運動特性を重視した運動・スポーツ指導

- ☐ 運動を手段として扱うのではなく、楽しむことを目的とする。
- ☐ 「あれば生活が豊かになる文化」として遊び（プレイ）を提供する。

Check 6 テニスの本質的な面白さとは

- ☐ 現代スポーツのオフィシャルルールに拘るのではなく、子どもの視点から考える。
- ☐ 本質的な運動・スポーツの面白さを歴史的視点から追究する。

7 学習指導要領上におけるテニピンの位置付け

☐ ネット型ゲームは、「連携」「攻守一体」の視点で分類される。

☐ ネット型における「攻守一体ゲーム」の位置付けとして、テニピンを理解する。

8 テニピンで身に付く資質・能力

☐ 「知識及び技能」「思考力、判断力、表現力等」「学びに向かう力、人間性等」といった資質・能力を横断的な学びを通して育む。

☐ 思考したことを身体や言語で表現する環境をつくる。

9 テニピンが貢献する予測困難な社会に対応する力

☐ 得た知識や技能を「生きて働かせる力」「問題解決を成し遂げられる力」へ転換する。

☐ 予測困難な社会に対応できる人間力の形成を目指す。

10 これからのテニス指導における テニピンのコーチングについて

☐ 「戦術・状況判断からスキル」への学びの流れをつくる。

☐ テニピンでテニスに必要なコーディネーション能力を育む。

茂樹先生からの振り返り〜第1章を通して学んだこと〜

第1章では、幼少期に運動・スポーツの指導をするうえで、欠かせない視点について触れてきました。テニピンは、運動が得意な子も得意でない子もみんなが、その運動がもつ面白さに没頭し、一人ひとりが輝けるような授業づくりを目指した過程の中で開発されたゲームです。こうした開発の背景を理解することで、テニピンの本質的な面白さを知ることができます。また、こうした視点は、他の運動・スポーツの指導にも生かすことが可能となります。

コラム 松岡修造さんとの教育観の共有

　松岡修造さんと初めてお会いしたのは、2018年6月27日でした。当時私が勤務していた東京学芸大学附属小金井小学校にテニピンの授業を観に行きたいと連絡があり、興奮したことを覚えています。授業参観後、テニピン開発の経緯や、テニピンの授業内容について、お話をさせていただきました。私自身は、修造さんに肯定的に受け止めてもらえたのではないかと思いましたが、修造さんは、「テニピンはテニスではない、ラケットを持ってできるのではないか」（松岡、2019）といった感想をもったと後の『テニスマガジン』の中で述べています。

　その後、p.48に示した4回返球成功率の研究を行い、テニピンをすることで、ラケット操作スキルが高まることを示唆したエビデンスをもって、松岡修造さんにプレゼンをしに行きました。修造さんには、8回のプログラムで、ここまで子どもたちが上手くなることは素晴らしい、ぜひ小学校にテニピンを広めていきましょう、と全面的にご協力いただけることになりました。

　2019年から2021年までは、『NHKスポーツパーク松岡修造のテニスパーク』の中に、小学校教員対象のテニピン講習会の時間を設けていただき、東京、宮城、愛知の3か所で実施することができました。また、2019年の6月にはNHK Eテレのはりきり体育ノ介『松岡修造の人生はテニスだ！』にもテニピンを取り上げていただきました。さらに、2020年4月以降、新型コロナウイルス感染症により臨時休校になった際は、おうちでできるテニピン遊びを考案し、その動画を松岡修造さんの公式ウェブサイトにて公開し、全国に発信するなど教育界にも貢献していただきました。

　そして、2023年10月には、東京有明テニスの森において、松岡修造さんと教育対談を行い、オンライン200名弱、現地参加40名の先生方と一緒に教育や体育の授業づくりについて考える機会をもちました。この対談を通して、最も心に残った修造さんの言葉は、**「テニピンはゲーム機を超える楽しい遊びである」**ということです。また、お互いの教育観を共有する中で明確になったことは、現在、教育の中で重要視されている**「個別最適な学び」**や**「協働的な学び」**という視点は、修造さんも私も、この言葉が表出する前から大切にしていたということです。さらに、修造さんが「根拠のない根性論というものは嫌いだ」と述べていたことはとても印象的で、根性だけでできるようになることは限られており、的確かつ明確なコーチングを子どもたちの必要感に応じて、実施していくことが大切だとお話をされていました。決断力、問題解決力は世界を目指していくうえで欠かせない、こうした力をテニピンで幼少期から養えることに魅力があるとも述べていました。

　この対談の最後に、松岡修造さんは先生方に向けて**3つの幸せ（してもらう幸せ、できるようになる幸せ、与える幸せ）**についてお話をしてくださいました。学校の先生は、**「与える幸せ」**をもっている幸せな人だと熱く心に響くメッセージをいただきました。この言葉の意味を考え、子どもたちに関わる指導者は、子どもたちを幸せにできるよう、子どもたちのために日々努め、自己更新していく必要感を改めて認識することができました。

対談動画

第2章

「テニピン」を
やってみよう!

2

01 テニピンの 基本的なルール

動画でCheck!

● テニピンの魅力

　「テニピン」とは、バドミントンコートとほぼ同様のコートの大きさで、手作りの段ボールラケットや手の平を包み込むようなタイプの用具を手にはめ込み、ネットを挟んでスポンジボールを直接返球し合う、テニスとピンポンを合わせたようなゲームです。　全員平等にボールに触れる機会が保障されているため、特定の子どもだけが活躍するのではなく、すべての子どもが活躍できる場が保障されます。

基本的なルール ～まずはここを押さえよう（詳細はp.57）～

1人目
サーブ

1 ゲーム開始！

　ゲームはダブルスで行います。4回ラリーをして、その後の5球目以降から得点が認められます。そのため、ラリーも含めると1得点が入る中で、参加している全員がボールに触れることができます。

2人目

ペアやチームで協力しよう 2

　ペアで交互に打たなくてはいけないため、すべての子どもが平等にボールに触れる機会があります。2バウンドまではOKとし、2バウンド以上すると相手チームの得点となります。

3人目

3 ラリーの続け方

　4回のラリー中は、得点が認められないため、失敗した人からラリーを再開します。
例：3人目でラリーが途切れた場合、3人目（3球目）からラリーを再開します。

【サーブの打ち方】

　サーブは、1バウンドさせてから、相手が打ちやすい場所へ送り出します。

　味方→相手と交互に全員が平等に打てるようにします。1人目がサーブをしたら、次は相手チームの2人目がサーブをします。その次は、味方の3人目がサーブをします。このように繰り返して行います。

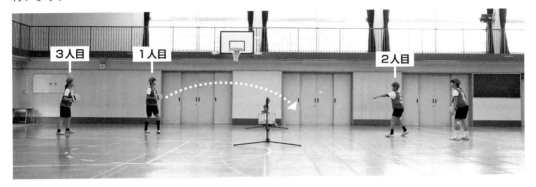

【サーブの打ち方】　ボールを1バウンドさせて、左足の前で（右利きの場合）やさしくポンと当てて打つようにします。

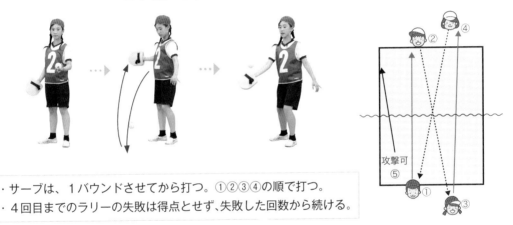

・サーブは、1バウンドさせてから打つ。①②③④の順で打つ。
・4回目までのラリーの失敗は得点とせず、失敗した回数から続ける。

茂樹先生のワンポイントアドバイス！

テニピンマスターの視点から

・右利きであれば左足前（左利きであれば右足前）にボールを落とし、下からやさしく手の平でポンと当てて打つ感覚を覚えるといいですよ！
・テニスは「手ニス」とも言われることがあります。手の平で打ってみると感覚をつかみやすいです！

テニピンリーダーへの道

初心者指導では、柔軟でやさしいルールの工夫を!

02 用具・場・環境について

動画でCheck!

ラケットのつくり方

● テニピンはどこでも安全にできる！

　テニスを学校で行うとなると、「テニスをするような広い場所がない」「ラケットは高価で人数分買えない」「ラケットをもたすのは危険だ」といった課題があり、これまで小学校ではテニスのような授業は行われてきませんでした。

　テニピンは、こうした課題を克服し、どこでも安全にできるように用具や場、環境が工夫されています。

コートは体育館でも屋外でも簡単につくれる

● コートの広さは、縦が約10m、横が約5mです。
● ネットの高さは、約80cmです。
● ほぼバドミントンコートと同様の大きさのため、体育館でバドミントンコートやソフトバレーボールのラインがあれば、そのラインを活用するとよいでしょう。
● グラウンドで行う場合は、4隅にポイントをうち、授業前にすぐにラインを引けるように工夫するとよいでしょう。

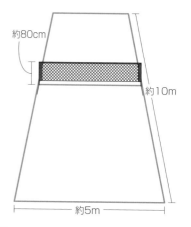

約80cm
約10m
約5m

体育館で行う場合は4コートつくります。

グラウンドで行う場合は、数多くのコートをつくることができます。

ネットのつくり方

●横幅5〜6mの市販のネットを使用します。

●ハードルやコーンバーなどでも代替できます。

ラケット・ボール

段ボールラケットの制作動画有

段ボールラケット
20cm × 20cm 大の段ボールを、片手にはさめるようゴムで留めます。

ハンドラケット
段ボールの代わりに、スポンジなどの材料（100円程度）でもつくれます。

テニピンラケット
手の平を差し込んで使います。柔らかい素材のため安全です。
YONEX から販売中

テニピンボール
スポンジボールを使用します。
YONEX から販売中
※スポンジボールはミズノ等のメーカからも販売中

茂樹先生のワンポイントアドバイス！

テニピンマスターの視点から

・ラケットは、テニピンラケット以外でも、段ボールでつくれます。また、学校にあるカタログなどにも類似品が掲載されています。

・ボールはスポンジボールがおすすめです。ミズノからは大きなサイズも発売されています。実態に応じて、大きさを変えてみましょう！

テニピンリーダーへの道

安心・安全・簡単に環境設定を!

03 ウォームアップ・コーディネーション
―テニピンにおける多様な動き―

動画でCheck!

● テニスは36の基本動作のうち16の動きに対応！

36の基本動作（中村、2011）のうちテニスは、16もの動きに対応していると言われています。幼少期に多様な動きを経験することは、運動能力や体力向上のみならず、身のこなしといった怪我の防止にもつながります。ここでは、ウォームアップ時に取り上げ、毎時間、帯で積み重ねて実践できるコーディネーションにかかるテニピン遊びを紹介します。

テニスの16の動作を知ろう!

テニスは、多様な動きを高める運動として価値があると報告されています。春日（2011）は、「日常生活において出てくる動作は36種類あるが、テニスというスポーツが補える動きは16種類もある」と述べています。ちなみに、習い事の上位を占める水泳は7種類、サッカーは9種類であり、テニスはスポーツの中では、一番多いことが示されています（日本テニス協会、2016）。これらのことからも、テニスを基にした運動遊び（テニピン）を幼少期に経験することは、多様な動きの獲得に大きく貢献できると言えます。

テニスで行う16の動き

01 おきる

02 たつ

03 あるく

04 とぶ（垂直）

05 とぶ（水平）

06 はしる

07 すべる

08 もつ

09 なげる

10 あてる

11 とる

12 ふる

13 はこぶ

14 わたす

15 ささえる

16 うつ

テニピンで育まれるコーディネーション能力

　寺尾・大塚（2021）は、7つのコーディネーション能力（①バランス能力、②リズム能力、③反応能力、④定位能力、⑤分化能力、⑥変換能力、⑦連結能力）を示しています。テニスでは、この7つのコーディネーション能力のうち、

- 「飛んできたボールに対してスイングしやすい位置に移動する（定位能力）」
- 「バウンドしたボールをタイミングよく打ちやすい打点で打つ（リズム能力）」
- 「スイングの際に身体全体をスムーズに動かして運動連鎖を行いつつ、ラケットでボールを捕らえる（連結能力）」
- 「スイング後に素早く構え直す（バランス能力）」
- 「相手の次のボールに反応する（反応能力）」

といった5つの能力の獲得を期待でき、このことからも幼少期にテニピンをすることの意義があると言えるでしょう。

　多様な動きが経験できる運動遊びを楽しみながら行うことにより、コーディネーション能力は向上していきます。テニピンを通した遊びを提供することによって、「やってみたい」「ワクワクする」といったポジティブな感情を引き出し、さらに「いっぱい体を動かせた」「成功した」といった成功体験を味わうことができ、自己肯定感を高めていきます。

「多様な動き」をつくる「運動遊び」の工夫

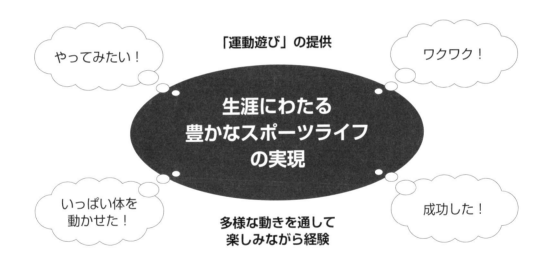

テニピンリーダーへの道

テニピンでコーディネーション能力を高めましょう!

03 ウォームアップ・コーディネーション
―テニピン遊びの紹介―

動画でCheck!

（1） 1人テニピン遊び

・ボールつき…10回ボールをつく。

・10回ボール打ち上げ…手の平側で、ボールを打ち上げ、地面について弾んできたボールを再度打ち上げます。この動きを10回続けます。続いて、手の甲側でも同様に行います。

・表裏10回打ち上げ…手の平側・手の甲側で交互にボールを打ち上げ、10回連続で行います。

・表、裏、一回転…手の平側、手の甲側で交互にボールを打ち上げた後、一回転します。その後、同様の動きを繰り返し、5回連続で行います。

（2） 2人テニピン遊び

・コロコロゲーム…地面でコロコロとボールを転がし、10回続けます。

・表裏ゲーム…「おもて」と言われたら表で、「うら」と言われたら裏で打ちます。相手から言われたとおりに打てなかった場合、相手が勝ちとなることを基本のルールとして、コロコロゲームと同様の行い方で、表裏対決をします。

コロコロゲーム

・キャッチ＆ラリー…相手から送られてきたボールを1バウンドさせてキャッチします。そのボールを手元でバウンドさせて、相手に送り返すことを10回連続で行います。

キャッチ＆ラリー
キャッチ

1バウンドさせて

・10回ラリー…相手から送られてきたボールを1バウンドさせて直接返球することを10回連続で行います。

・しりとりラリー…10回連続ラリーにしりとりを加えたゲームです。言葉を考える際は、手元でバウンドさせながら考えてもよいことにします。

打ち出す

1人テニピン遊び

2人テニピン遊び

（3）コロコロボウリング

コロコロボウリングは、6ｍ×3ｍのコートの中央に5本のペットボトルを並べて置き、時間制限内に何本倒したかを競い合うゲームです。4人対4人で行い、Aチームがボールを打って、ペットボトルを倒すことを目的にプレーし、Bチームは自分のコート側に転がってきたボールを投げてAチームに戻すようにします。3分交代で実施し、得点（1本倒れると1得点）を競い合うようにします。

コロコロボウリングの様子

（4）球入れチャレンジ

決められた場所からテニピンラケットでボールを打って、段ボールやフープの中に入れた数を競うゲームです。段ボールの場合は「打って入れる」、フープの場合は「転がして入れる」など、アレンジすることで発達段階に応じた取組が可能です。

球入れチャレンジの様子

（5）コロコロテニピン

コロコロテニピンは、6ｍ×3ｍのコート内で、2人対2人でプレーし、ペアで協力し、転がして返球し合いながら得点を競い合うゲームです。右図のように、太線が示す部分を通過したときに得点となるため、自分のコート側では通過させないように守りながら、相手コートのラインの通過を目指して得点を競い合います。ゲームの開始は、相手が打ちやすいように相手コートにボールを送り、そのボールを相手側が返球した時点、すなわち2打目からを得点とします。

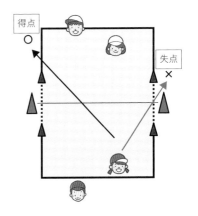

テニピンリーダーへの道

毎時間ウォームアップを楽しみながら行いましょう!

04 状況判断能力の 高め方①

動画でCheck!

● テニピンで思考力を高める

　テニピンは、ゲーム中に個々がボールを打つ機会が必ず保障されているため、どこにどのようなボールを打つと得点できるのかについて、自分事として考えることができます。よって、全員の子どもたちが同じ土俵の中で、状況判断やスキルについて思考したことを共有することができます。その時々の状況で思考したことを積み重ねることは、問題解決能力として教科の学習や生活の中でも汎用されます。

2つの図面を活用する

〈ABCD 図面の活用〉：パターン A

　ABCD の図面を活用して、どのようなときにどのような判断をしたらよいかを考えます。まずは、「深い・浅いときの判断」です。深いときは守る、浅いときは攻める、そしてそれぞれの際は、どこにどのようなボールを打ったらよいのか、打ち方の学びへと発展していきます。すなわち、状況判断とスキルは切っても切り離せない関係性があり、バラバラに学習するのではなく、状況判断と重ね合わせながら、スキルを学ぶことを重視します。次に、得点するためにオープンスペースをつくる組み立て方に着目します。例えば、Dにボールを集めれば、Cにスペースができるので、そこを攻めることの必要感が生まれます。こうしたオープンスペースに着目した話合いをしていくことで、状況判断能力が高まります。

テニス特有の面白さを学ぶ（特性論）

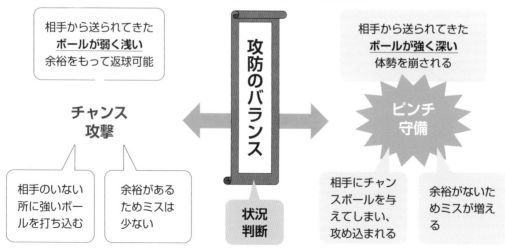

　高学年以上になり、さらなる状況判断能力を高められる状況であれば、1〜5までを示した図面を活用します。

　これまで状況判断を学んできた子どもたちは、この図面を見て、どのようなことを考えるでしょうか。そこを見るのも指導者としては楽しみの1つです。

　「どこに打てば得点できそうか」と問えば、「深いところだから4番」「いや、端の深いところの方がよいから3番だよ」「5番は相手のチャンスボールになってしまうから、打ってはいけない場所だね」といった話合いが展開されていきます。

　ここで、トッププロの試合を視聴します。例えば、錦織圭選手の得点シーンをYouTubeなどで見てみると、最後は2番でエースショットを多く打ち込んで得点していることがわかります。こうした映像を見ることで、「2番の有効性」に気付くことができます。「2番に打つと、相手をコートの外に出すことができるから、エースショットもねらえるし、拾われても、次のボールで決めることができそう」といった反応が見られるようになります。

　このようにして、図面を使いながら、状況判断にかかる思考を共有することで、より深い状況判断の学びが生まれ、状況判断能力が向上していきます。

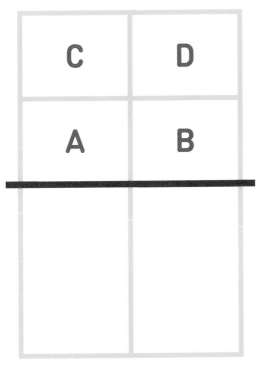

パターンA

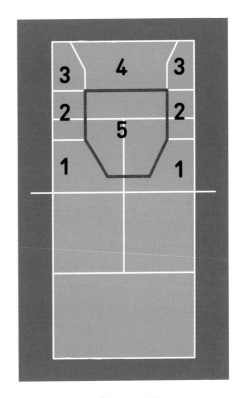

パターンB

テニピンリーダーへの道

オープンスペースに着目させましょう！

04 状況判断能力の 高め方②

空間分析を活用する

　スポーツの楽しみ方は、「する」だけではなく、「見る」「支える」「知る」ことにもあります。こうしたスポーツの楽しみ方を味わわせるうえで、ゲームに出ていない子どもたちが、どのようにそのゲームに関わるかはとても重要なことです。

　得点、審判、応援など、役割をつくるのもよいですが、ゲーム分析をすることで、チームに貢献するという役割も、「見る」「支える」「知る」という観点からスポーツの楽しみ方を学ぶ機会の1つになります。

　また、ICT の活用として、タブレット端末でゲームを撮影し、分析に使うことも有効です。具体的には、「浅い・深い」が判断できるように、中央にライン（AB と CD の中央）を引き、浅いときに攻撃できたか、深いときに守ることができたかを動画を見ながら振り返ります。ただ撮影するのではなく、明確な視点をもたせることが大切です。

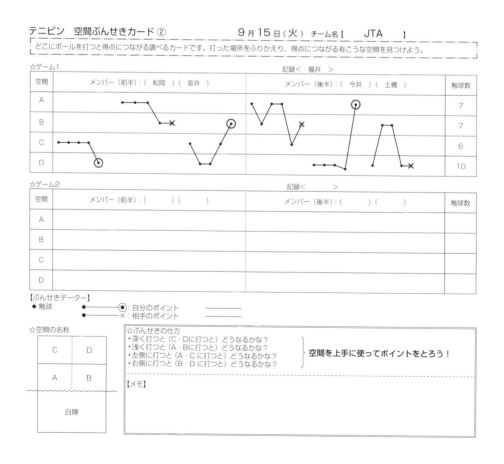

〈状況判断能力育成への指導アプローチ〉

p.43 に示した、ABCD 図面や発展型図面を活用した、状況判断能力育成アプローチの指導案を示します。

・子どもの活動	○指導上の留意点　※評価
1．テニピンの授業を振り返る ・図面を見て、これまでの学びを振り返る 2．学習のポイント提示する	○ ABCD の図面を見て、これまでの体育の授業でどのような得点の取り方ができたのかを話し合い、ホワイトボードに示す。 ○パターンＢ（p.43 参考）の図面を見せて、どのような状況判断や組み立てができるか投げかける。
新しい図面を見て、どのような状況判断や組み立て（戦術的理解）ができるか考え、実現させよう	
3．個人の思考を確認する 4．ゲーム１ 5．ゲーム１を振り返る 6．ゲーム２ ・対戦相手は同じにする 7．学習のまとめ	○それぞれがどのような状況判断、組み立て（戦術的理解）のもと、ゲームに臨むか考えを交流する。 ○自分が考えた戦術の実現を目指してプレーする。 ○映像を見て、自分が意識していたことができていたかどうかを振り返る。 ○対戦相手の戦い方についてどう思ったかを問い、どのように戦術を修正するのか、個々に問う。 ○修正した戦術でゲームを行う。 ○対戦相手に応じた戦い方を考え、実行する。 ○状況判断や組み立てについて、上手くいったことや次に試してみたいこと、新たに学んだこと（戦術＋技能）を全体で振り返る。 ※テニピンにおける質の高い学びの積み重ねが、将来のテニスの戦術的理解に貢献する姿を見せている。

テニピンリーダーへの道

明確な視点をもたせましょう！

05 ボール操作スキルの 高め方① ―状況判断と打ち方を重ね合わせる―

● つなげる打ち方と攻める打ち方

　ネット型ゲームは、ラリーが続かなければ単調なゲームになり、楽しいという感情は生まれません。一方で、ラリーを断ち切らなければ、得点はできません。そして、学習課題では、「ラリーを続けて、得点しよう！」という、よく考えると矛盾した学習課題の設定をしばしば授業の中で見かけます。

　テニピンでは、この学習課題が成立するため、つなげる・攻める打ち方の学習に必要感が伴うのです。

つなげる打ち方

　テニピンでは、「4回続けて、5球目以降を攻撃可能」というルールがあるため、「ラリーを続けて、得点しよう！」という学習課題について、単元を通して考えていくことができます。

　まずは4回ラリーを続けるルールのため、全員がつなげることを目指します。ラリーを続けるためには、相手が取りやすいボールを送るということ、そのためには、どのようにボールを打ったらよいのだろうか、と焦点化しやすくなります。

　「相手が打ち返しやすいようにふんわり山なりに返すといいよ」「やさしくポンと返すといいよ」「手の平を上に向けて、上に向けて打つとやさしいボールになるよ」と子どもたちは、自分が身体で表現していることを言語化してくれます。こうした言語表現を共有し、次の活動で、自分の身体で表現できるよう意味付けていきます。

攻める打ち方

　4回ラリーを続けた後、5球以降は攻撃可能としているため、チャンスボールがくれば、攻めることができます。ラリーが何回も続けられるようになれば、攻撃するための打ち方に必要感をもち、「どうすれば強く打てるのだろう」「どうすればねらったところに打てるのだろう」と思考するようになります。

　つなげるときと同様に、学習が発展してくれば、「強く打つため」「ねらったところに打つため」にどうすればよいかに、話合いが焦点化されます。
「体を横にして、横にラケットを振るといいよ」「下からポンではなくて、横からビュンだよ」「手の平を上向きにするのではなくて、耳の横から、そのまま横に振ると強いボールが打てたよ」といった、つなげるときの打ち方と比較しながら、強くねらったところへ打つための方法を思い思いに言語表現してくれます。

　つなげる打ち方と攻める打ち方の学びが深まることで、状況判断と重ね合わせながら、そのときに打つショットを選択することができます。そして、得点できたときの達成感は運動有能感につながっていきます。

テニピンリーダーへの道

状況判断と打ち方を重ねて考えさせましょう！

05 ボール操作スキルの高め方②
－多様な動きを獲得する－

動画でCheck!

4回返球成功率の調査から

　テニピンでは、4回続けてから5球目以降を得点としているため、4回の返球まではゲームに参加している子どもはつなげることを心がけます。よって、4回返球成功率の高まりは、ラケット操作に関わる技能の向上と捉えることができます。

　そこで、この4回返球成功率（4回続いた回数÷総実施回数×100）を調査してみました。

　具体的には、3年生のときに、テニピンを授業で経験したクラス（1組）と、経験していないクラス（2組）が4年生に進級し、ラケットをもった形態でテニピンの授業（ラケットテニピン）を実施しました。この2クラスのラケットを使用した際の4回返球成功率を比較調査しました。結果は、下の図のとおりです。

　テニピンを経験していたクラス（1組）は、1時間目と8時間目を比較すると、返球成功率が高まっていることがわかります。8時間目では、75.2%の返球成功率となりました。一方で、テニピンを経験していなかったクラス（2組）は、8時間目で26.8%と8時間の学習を通して返球成功率が高まらないという結果になりました。

4回返球成功率の結果

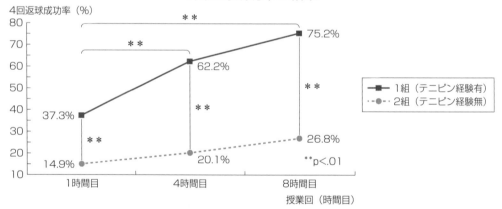

　テニピンを経験した子どもたちは、ラケット操作が上手くなることが示唆されたわけですが、なぜでしょうか。これは、ラケット操作スキルのみが高まったのではなく、ボール操作スキルに必要な多様な動きを高めることができたと言えます。

　テニピンでは、下記のような多様な動きを養うことができます。ここで獲得した力は、テニスに必要なボール操作スキル全般に生かされていくのです。

●多様な動きづくり

<u>幼少期は運動技能（多様な動き・感覚）を獲得するうえで大事な時期</u>

- ・ボールの落下点を予測して、移動する力
- ・バウンドにタイミングを合わせる力
- ・打点に入る力（自分、用具、ボールとの空間認知）
- ・相手から送られてきたボールを返球する力
- ・用具を操作する力

※「テニピン」でなければ、育めない多様な動きづくりがある
※普及の原点は「面白さ！」・・・テニピンで<u>テニスの面白さ</u>を体験！

ボール操作スキルに必要なコーディネーション例

●瞬発力を高める
→ネット越しに座った状態から、ボールを出し、そこからゲームをする。

●状況判断を高める（p.42の動画参照）
→ダブルスやシングルスで実施し、1得点の中で、一度だけボレー（ノーバウンド）に出てもよいというルールでゲームをする。

●体のローテーションを高める
→体全体でボールを打つ感覚を高めることを目指し、右手と左手にテニピンラケットを付け、ラリーをしたり、ゲームをしたりする。

▶尾﨑里紗プロ

テニピンリーダーへの道

多様な動きを育み、ボール操作スキルを高めましょう！

06

個別最適な学びを
保障する課題別練習①
―どのような課題が考えられるか―

● 場を選択することから始める

　個別最適な学びとは、個々が適切なめあてをもち、そのめあてを達成するために**必要感**をもって、**自己目的的**に取り組むことによって、学びを深めていくことです。こうした環境を指導者が提供していくことが必要です。では、どのように提供したらよいのでしょうか。まずは、場をいくつかつくり、自分のめあてに応じた場、必要感に応じた**場を選択**することから始めていくことが効果的です。

運動の特性から課題別練習の場を考える

　テニスの特性は、「相手から送られてきたボールを、状況判断しながら、直接的に相手コートに返せるか、返せないかを通して、得点を競い合うところに面白さがある」と整理することができます。この特性をベースに、いくつかの場を設定します。

　例えば、①続ける場、②ねらう場、③強くボールを打つ場、④状況判断を学ぶ場、⑤やさしくゲームできる場、⑥本格的にゲームができる場…など、思いつく場を考えます。しかし、環境によっては、すべての場をつくることはできないため、子どもたちと相談しながら、体育館で実施するのであれば4～5つの場を選定していくとよいでしょう。

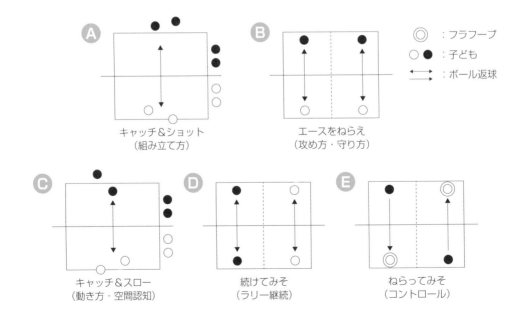

必要感に応じて選択させる

　このような場を示した後は、自分のめあてに応じた場を選択するように促します。序盤は、ボール操作スキルの場に人数が集中することが予想できます。例えば、続ける場やねらう場です。そのような場合は、場を修正して、続ける場やねらう場を増やします。他方、後半になれば、ゲームで状況判断を学びたい子が増えていくことが予想されるため、エースをねらえや、キャッチ＆ショットといったゲームの場を増やしていくことになります。このように、子どもたちの学びの状況に応じて、場を毎時間、変更していきます。

　ここで気を付けなくてはいけないことは、子どものめあてが適切ではないことがあるということです。「Aさんがキャッチ＆ショットだから私もそうしよう」といった安易な考えのもと、場を決める子どもがいます。このような状況を見逃さず、一人ひとりのめあてを指導者が見極め、「Aさんは、続けるところで練習したら、もっと得点できるようになるよ」と声かけをして、適切なめあてをもち、場を選択できるようにしていくことが求められます。

カクモ塾　めあて別グループ表　　9月15日4回目

A：キャッチ＆ショット		B：エースをねらえ		C：続けてみそ		D：ねらってみそ	
男子	女子	男子	女子	男子	女子	男子	女子
佐々木	川島	吉田 B①	安達		織田	今井 D②	横山
浜本	上田	志村	上杉		吉村	松岡	綱島
栗木		宮田	吉本	鈴木 C②	川田		
所		加藤	杉田				
A		能見	横田 B②	塚田 D①	西岡		
		柴 B②	澤村	佐藤	岡部		
		三浦 C①	今関				
		根本	岡田				
			斉藤				
			佐見				

テニピンリーダーへの道

自己目的的に学べる場を保障しましょう!

06 個別最適な学びを保障する課題別練習②
−課題別練習のメニュー例−

動画でCheck!

課題別練習の場のメニュー例

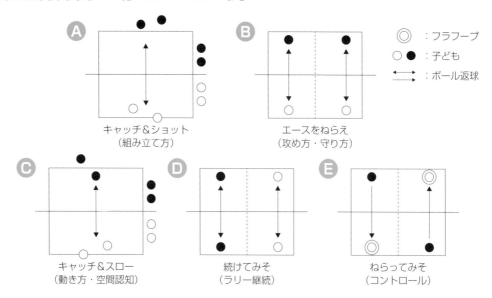

A キャッチ＆ショット（組み立て方）
B エースをねらえ（攻め方・守り方）
C キャッチ＆スロー（動き方・空間認知）
D 続けてみそ（ラリー継続）
E ねらってみそ（コントロール）

◎：フラフープ
○ ●：子ども
↔：ボール返球

　個々が必要感に応じて練習の場を主体的に選択できるように工夫し、技能や戦術を高めようと考えました。課題別練習は、毎時間10分間程確保します。

〈キャッチ＆ショット〉

　Aに示した「キャッチ＆ショット」は、ねらったところに打ったり、組み立てを意識したりして練習する場です。一度、捕球してから返球することで、意識したことを実現しやすくしました。ラリーを4回続けてから5球目以降を得点とするテニピンのゲーム形式で行わせます。

〈エースをねらえ〉

　Bに示した「エースをねらえ」は、1コートを縦に二等分し、1人対1人のテニピンのゲーム形式で行う場です。どのようにしたら得点できるかを考え、浅いボールや深いボールへの状況を判断しながらゲームを行わせます。

〈キャッチ＆スロー〉

Cに示した「キャッチ＆スロー」は、相手コートの空間を認知することを重視し、素手でボールを扱うことで、考えた攻め方を実現しやすくした場です。

下手でボールを投げ、1バウンドでキャッチすること、2バウンドしたり、キャッチできなかったりした場合は、相手の得点とすることを主なルールとし、それ以外はテニピンのゲーム形式で行わせます。

〈続けてみそ〉

Dに示した「続けてみそ」は、ラリーを続けることをねらった練習の場です。3回失敗したら交代するなど、ローテーションしながら行わせます。

〈ねらってみそ〉

Eに示した「ねらってみそ」は、ねらったところにボールを打つ練習の場です。軽く下から投げてもらったボールを打ち、ネットの反対側に置かれたフラフープに入れることを目的とし、3球交代で、ローテーションしながら行わせます。

なお、これらの練習は共通して、「ボールの落下点を予測して移動し、バウンドにタイミングを合わせる力」「打点に入る力（自分、用具、ボールとの空間認知）」を高めることをねらった内容です。順序性としては、技能レベルでEの「ねらってみそ」、Dの「続けてみそ」、Bの「エースをねらえ」の順を、戦術レベルでCの「キャッチ＆スロー」、Aの「キャッチ＆ショット」の順を子どもたちに示し、選択させます。選択した練習が、子どもの実態に合っているかどうかを、毎時間指導者が確認し、子どもと相談、修正しながら進めます。

テニピンリーダーへの道

適切な場で学べるよう支援しましょう！

07 ゲームの進め方
―テニピンゲームのいろいろ―

動画でCheck!

コロコロテニピン

● 発達段階に応じて適したゲームを選択する

　テニピンは発達段階に応じて、様々な形態で楽しむことができます。テニピンは小学校の中学年や高学年で実施するという固定された考えのもと実践されるゲームではなく、幼児期でも、小学校低学年期でも、中学校や高校、大学でも実践可能です。ここでは、発達段階に応じた「テニピンゲームのいろいろ」を紹介します。この実践例を参考に、目の前の子どもたちに合った形に修正しながら実践されることをおすすめします。

（1）コロコロテニピン（幼児期・低学年）

①準備物

コーン・バー、テニピンラケット（段ボールラケット）、ボール（スポンジボールもしくは、直径20cm程度のゴムボール）

②チーム編成

1チーム3〜4人、偶数チームで編成します。

③ゲームの仕方及び基本的なルール

❶ゲームの時間は前半3分、後半3分で行います。

❷ゲームはダブルスで行い、合計得点で競います。サーブを打つ人は相手が打ちやすい場所に転がします。2球目以降からの攻撃で得点が認められます。サーブは、「自分チーム→相手チーム」と交互に全員が平等に打てるようにします。

❸ペアのどちらがボールを打ってもよいこととします。

❹慣れてきたら、4回ラリーを続けて5球目以降を攻撃可能としたり、ペアで交互に打ったりするルールを加えましょう。

❺ボールを転がしてラリーをします。

❻自分たちが打ったボールが、太線を通過した場合、もしくは、相手がボールを弾いたり、返ってきたボールが太線ライン以外を通過したりした場合、得点となります。

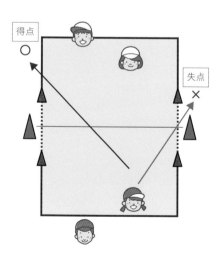

（2）キャッチ＆スロー（低学年）

動画でCheck!

キャッチ＆スロー

①準備物

ネット（コーン・バー、ハードルで代替可）
ボール（スポンジボール）

②チーム編成

1チーム3〜4人、偶数チームで編成します。

③ゲームの仕方及び基本的なルール

❶ゲームの時間は前半3分、後半3分で行います。

❷ハンドラケットはもたずに、素手でプレーをします。

❸下手でボールを放り（写真①）、1バウンドでキャッチします（写真②）。そのラリーを交互に繰り返します。

❹ゲームはダブルスで行い、合計得点で競います。4回ラリーをして、その後の5球目以降からの攻撃で得点が認められるため、1得点が入る中で全員がボールに触れることができます。

❺ペアで交互に投げなくてはいけないため、すべての子どもが平等にボールに触れる機会が保障されています。

❻2バウンドしたり、キャッチできなかったりした場合、相手の得点とします。

❼4回のラリー中は得点が認められないため、ラリーに失敗した場合は、失敗した人からラリーを再開します。

※例：3人目でラリーが途切れた場合、3人目（3球目）からラリーを再開します。

❽サーブは、相手が打ちやすい場所に投げ入れ、「自分チーム→相手チーム」と交互に全員が平等に打てるようにします。

下手で投げる

キャッチ

（3）キャッチ＆ショット（低学年・中学年）

動画でCheck!

キャッチ＆ショット

①準備物

ネット（コーン・バー、ハードルで代替可）
テニピンラケット（段ボールラケット）
ボール（スポンジボール）

②チーム編成

1チーム3～4人、偶数チームで編成します。

③ゲームの仕方及び基本的なルール

❶ゲームの時間は前半3分、後半3分で行います。

❷ねらったところに打ったり、組み立てを意識したりしてゲームをします。

❸相手から送られてきたボールを一度キャッチして（写真①）、1バウンドさせてから打って返球します（写真②）。そのラリーを交互に繰り返します。

❹ゲームはダブルスで行い、合計得点で競います。4回ラリーをして、その後の5球目以降からの攻撃で得点が認められるため、1得点が入る中で全員がボールに触れることができます。

❺ペアで交互に打たなくてはいけないため、すべての子どもが平等にボールに触れる機会が保障されています。

❻2バウンドまではOKとし、3バウンドしたり、キャッチできなかったりした場合、相手の得点となります。ノーバウンドでのキャッチはなしとします。

❼4回のラリー中は得点が認められないため、ラリーに失敗した場合は、失敗した人からラリーを再開します。

※例：3人目でラリーが途切れた場合、3人目（3球目）からラリーを再開します。

❽サーブは、1バウンドさせてから、相手が打ちやすい場所へ送り出します。「自分チーム→相手チーム」と交互に全員が平等に打てるようにします。

(4)テニピン（中学年・高学年）★メインゲーム

動画でCheck!

メインゲーム

①準備物

ネット（コーン・バー、ハードルで代替可）
テニピンラケット（段ボールラケット）、ボール（スポンジボール）

②チーム編成

1チーム3～4人、偶数チームで編成します。

③ゲームの仕方及び基本的なルール

❶ゲームの時間は前半3分、後半3分で行います。

❷相手から送られてきたボールを直接返球して、相手コートに返球します。

❸ゲームはダブルスで行い、合計得点で競います。4回ラリーをして、その後の5球目以降からの攻撃で得点が認められるため、1得点が入る中で全員がボールに触れることができます。

❹ペアで交互に打たなくてはいけないため、すべての子どもが平等にボールに触れる機会が保障されています。

❺2バウンドまでOKとし、3バウンドしたら、相手の得点となります。

❻ノーバウンド返球はなしとします。

❼4回のラリー中は得点が認められないため、ラリーに失敗した場合は、失敗した人からラリーを再開します。

※例：3人目でラリーが途切れた場合、3人目（3球目）からラリーを再開します。

❽サーブは、1バウンドさせてから、相手が打ちやすい場所へ送り出します。「自分チーム→相手チーム」と交互に全員が平等に打てるようにします。

> ・4回までの失敗は得点とせず、失敗した回数から続ける。
> ・サーブは、1バウンドさせてから打つ。①②③④の順で打つ。

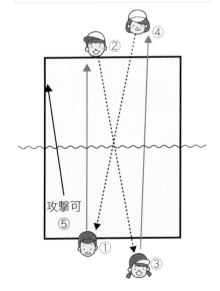

攻撃可
⑤

テニピンリーダーへの道

発達段階に応じて適したゲームを選択しましょう!

08 発展的なゲーム
ーテニスへの接続を意識してー

動画でCheck！

ラケットテニピン

● テニピンからテニスへ

　テニピンの「手ニス」から、ラケットを使用した「テニス」へ移行していくことで、より本格的な**近代テニスの面白さ**を味わうことができます。ボール操作スキルの高め方（p.48参照）でも示したように、テニピンを経験した子どもたちは、ボール操作スキルに必要な多様な動きを獲得しているため、ラケット操作にもスムーズに慣れていくことが、実証されています。ここでは、**ラケットを使用したゲーム**を紹介します。

（1）ラケットテニピン（高学年）

①準備物

ネット（コーン・バー、ハードルで代替可）、柄の付いたミニラケット、スポンジボール

②チーム編成

1チーム3～4人、偶数チームで編成します。

③ゲームの仕方及び基本的なルール

❶ゲームの時間は前半3分、後半3分で行います。
❷柄の付いたミニラケットを使用してゲームを行います。
❸相手から送られてきたボールを直接返球して、相手コートに返球します。
❹ゲームはダブルスで行い、合計得点で競います。4回ラリーをして、その後の5球目以降からの攻撃で得点が認められるため、1得点が入る中で全員がボールに触れることができます。
❺ペアで交互に打たなくてはいけないため、すべての子どもが平等にボールに触れる機会が保障されています。
❻2バウンドまでOKとし、3バウンドしたら、相手の得点となります。
❼ノーバウンド返球はなしとします。
❽4回のラリー中は得点が認められないため、ラリーに失敗した場合は、失敗した人からラリーを再開します。
※例：3人目でラリーが途切れた場合、3人目（3球目）からラリーを再開します。
❾サーブは、1バウンドさせてから、相手が打ちやすい場所へ送り出します。「自分チーム→相手チーム」と交互に全員が平等に打てるようにします。

TENNIS PLAY&STAY（テニス・プレイ・アンド・ステイ）

　TENNIS PLAY&STAY（以下、P&S）は、通常よりも速度の遅いボール、短いラケット、小さいコートを使用することで誰でも簡単にラリーができ、小さな子どもから高齢の方まで、ラケットをもったその日からテニスを楽しむことができる日本テニス協会推奨のプログラムです。

　P&S は、ITF（世界テニス機構）が 2007 年から世界規模で展開しているテニス振興キャンペーンの名称であり、その背景には先進諸国におけるテニス人口の減少があります。

　「楽しくテニスをして（プレー）、ずっとテニスに留まる（ステイ）」（日本テニス協会、2016）という意味であり、プログラムの根底には、テニスは簡単で楽しく健康的なスポーツであり、サーブを打ってラリーをしてスコアを数えるスポーツというコンセプトがあります。

　P&S では、子どもたちにできる限り早い段階で、下の写真のような子どもの体のサイズに合ったミニラケットや空気が抜けたボールを使用して、「ゲームの楽しさ」を伝えることが重要とされ、その効果として、

　①戦術と打ち方の両方を習得できる。
　②世代を超えてテニスを楽しむ環境が生まれる。
　③多様な動きを経験して基礎体力と運動能力を向上できる。

の 3 点を挙げています（日本テニス協会、2016）。また、Rafael ほか（2022）は、P&S が子どもたちのテニスに与える影響として、初心者プレーヤーの参加の増加、学習及びパフォーマンスの向上という点で利益をもたらしたと報告しています。

　さらに、多くの国で、コーチ教育プログラムだけでなく、トレーニングと大会の両方で P&S の効果が明らかになったと示唆しています。

　こうした発展したテニス型ゲームは、中学校や高校のテニス型授業にも活用できます。

　※指導内容などの詳細は第 3 章「TENNIS 及び P&S への接続」（p.92 ～ 95）で紹介します。

テニピンリーダーへの道

テニピンからテニスへつなげましょう！

09 幼児期向けのテニピン 遊びプログラム①
―理論―

● 幼保小接続の視点からのテニピン

　小1プロブレムなどの幼保小接続の課題が指摘され、幼保小接続の重要性が認識される中、幼保小架け橋プログラムが文部科学省より提唱されました。しかしながら、多くの幼保小の現場では、共通認識のもと、課題解決に向けて取り組めていない状況にあります。他方、体育科では、低学年のゲーム領域は「〇〇遊び」と例示され、幼児期の遊びとの連携が意識されています。ここでは、運動遊びに係る幼保小接続の視点を提供します。

幼稚園・保育所の運動遊びと小学校低学年期のボール遊びとの接続

　『小学校学習指導要領（平成29年告示）解説体育編』（文部科学省、2017）においては、中学年・高学年で、「バドミントンやテニスを基にした易しい（簡易化された）ゲーム」（以下、「テニスを基にしたゲーム」）が例示され、実践が報告されるようになりました。

　低学年のゲーム領域に目を向けると、例示では、中学年・高学年の「ネット型」に接続されるゲームが示されるようになった一方で、「テニスを基にしたゲーム」に接続されるゲームは示されていません。

　低学年のボールゲームでは、「的当てゲーム」「シュートゲーム」「相手コートにボールを投げ入れるゲーム」「攻めがボールを手などで打ったり蹴ったりして行うゲーム」が例示されています。これらの例示は、「ゴール型」「ネット型」「ベースボール型」に発展するゲームとして示されています。しかし、「ネット型」に発展するゲームとして示された「相手コートにボールを投げ入れる

ゲーム」については、どのようなゲームか想像することができない教師も少なくないため、実践事例が少ない実情があります。よって、これまでの低学年のボールゲームにおいては、「ゴール型」「ベースボール型」に関わるゲームの実践は多数報告されている一方で、「ネット型」に関わる実践報告は少ない状況です。

　低学年期はもとより、幼少期における「ネット型」に接続するボールゲームが開発されれば、中学年以降の「ネット型」への基本的な動きの定着やその特性に応じた行い方の理解への発展に加えて、低学年期の子どもたちの多種多様な運動経験や多様な動きの獲得に貢献できると考えます。幼児期向けに開発したテニピン遊びプログラムは、こうした問題にも貢献できます。

幼児期向けテニピン遊びプログラムの開発の重要性

中学年以降の「ネット型」に接続する低学年のボールゲームとして、西村（2015）はボンバーゲームを開発し、実践報告しています。このゲームは、中学年・高学年で実施されているソフトバレーボールの実践に問題がある実情に鑑み、低学年におけるソフトバレーボールに接続するボールゲームが開発されれば、中学年・高学年におけるソフトバレーボールの実践に肯定的な影響を与えることができるといった問題意識のもと開発されたゲームです。全国的にも認知さ

れ、多くの学校で実践されるようになりました。一方で、「テニスを基にしたゲーム」に関わる低学年期におけるボールゲームの開発や提案については管見の限り見られません（下図）。

テニスは、多様な動きを高める運動として価値があると報告されています（日本テニス協会、2016）。春日（2011）は、「日常生活において出てくる動作は 36 種類あるが、テニスというスポーツが補える動きは 16 種類もある」と述べています。ちなみに、習い事の上位を占める水泳は 7 種類、サッカーは 9 種類であり、テニスはスポーツの中では一番多いと示されています（日本テニス協会、2016）。これらのことからも「テニスを基にしたゲーム」に接続するボールゲームを幼児期に経験することは、多様な動きの獲得に大きく貢献できると言えます。

次ページでは、幼稚園・保育所や小学校低学年でできるテニピン遊びプログラムを紹介します。

学習指導要領	高橋（1993）分類	低学年（主な例示）	中学年（主な例示）	高学年（主な例示）
ゴール型	シュートゲーム型	的当てゲーム　シュートゲーム	ハンドボール、ミニサッカーなどを基にした新しいゲーム	バスケットボール、サッカーなどを基にした簡易化されたゲーム
	陣取りゲーム型	一人鬼、宝取り鬼、ボール運び鬼など	タグラグビーなどを基にした新しいゲーム	タグラグビーなどを基にした簡易化されたゲーム
ネット型	連携プレイ型	相手コートに投げ入れるゲーム	ソフトバレーボールを基にした易しいゲーム	ソフトバレーボールを基にした簡易化されたゲーム
	攻守一体型		バドミントンやテニスを基にした易しいゲーム	バドミントンやテニスを基にした簡易化されたゲーム
ベースボール型		攻めが手などで打ったり蹴ったりして行うゲーム	攻める側がボールを蹴ったり手や用具で打ったりして行う易しいゲーム	ソフトボール、ティーボールを基にした簡易化されたゲーム

テニピンリーダーへの道

幼保小接続の視点から材を考えましょう!

09 幼児期向けのテニピン遊びプログラム②
─実践例─

動画でCheck!

コロコロテニピン遊びプログラム

　幼児期の実態に応じた、テニスを基にした運動遊びプログラムを開発しました。具体的には、幼児期の子どもたちが、「相手から送られてきたボールを直接返球することを通して、得点を競い合う」（今井、2021）といったテニス特有の面白さを味わえるように、バウンドボールを返球するという難しさを取り除き、転がしてラリーを行う「コロコロテニピン」をメインゲームとして開発しました。また、ボールを大きくしたり、手の平を包み込むようなタイプのラケットを使用することで、返球しやすくしたりする工夫を行い、幼児でもテニス特有の面白さを味わえるように検討しました。

直径20cm程度のゴムボール

テニピンラケット

pre	第1回	第2回	第3回	post
転がしラリー調査	【ねらい】 ボールや用具に慣れてテニピン遊びに挑戦する	【ねらい】 転がしラリーを続けるゲームに挑戦する	【ねらい】 転がしラリーをしながら得点を競い合うゲームに挑戦する	転がしラリー調査
	【活動内容】 1. めあての確認2分 2. 折り返しの運動5分 3. テニピン遊び（1人、2人）5分 4. コロコロボウリング15分 5. コロコロテニピンラリー10分 6. 振り返り3分	【活動内容】 1. めあての確認2分 2. 折り返しの運動5分 3. テニピン遊び（1人、2人）5分 4. コロコロボウリング10分 5. コロコロテニピンラリー15分 6. 振り返り3分	【活動内容】 1. めあての確認2分 2. 折り返しの運動5分 3. テニピン遊び（1人、2人）5分 4. コロコロボウリング10分 5. コロコロテニピン15分 6. 振り返り3分	

実践例

①テニピン遊び

1人テニピン遊びは、個人で手の平や甲でボールをついたり、打ち上げたりする遊びです。慣れてきた段階で、打ち上げた後、自分自身が一回転してみるなど、発展的課題を提示します。2人テニピン遊びでは、ペアになり、ボールを転がしてラリーを続けたり、「おもて」と言われたら表で打つ、「うら」と言われたら裏で打つといった相手から言われたとおりに打てなかった場合、相手が勝ちとなることを基本のルールとする「表裏」ゲームを行ったりします。

②コロコロボウリング

コロコロボウリングは、6m×3mのコートの中央に5本のペットボトルを並べて置き、時間制限内に何本倒したかを競い合うゲームです。4人対4人で行い、Aチームがボールを打って、ペットボトルを倒すことを目的にプレーし、Bチームは自分のコート側に転がってきたボールを投げてAチームに戻すようにします。3分交代で実施し、得点（1本倒れると1得点）を競い合うようにします。

③コロコロテニピンラリー

コロコロテニピンラリーは、6m×3mのコート内で、転がしてラリーをするゲームです。2人対2人でプレーし、ペアで交互に打ち合います。そして、4人で協力して、1分間内のラリーの継続回数を競い合うゲームです。

④コロコロテニピン

コロコロテニピンは、6m×3mのコート内で、2人対2人でプレーし、ペアで協力し、転がして返球し合いながら得点を競い合うゲームです。右図が示すように、太線が示す部分を通過したときに得点となるため、自分のコート側では通過させないように守りながら、相手コートのラインの通過を目指して得点を競い合います。ゲームの開始は、相手が打ちやすいように相手コートにボールを送り、そのボールを相手側が返球した時点、すなわち2打目からを得点とします。

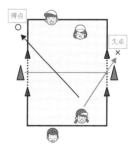

テニピンリーダーへの道

遊びから学びにつなげましょう!

⑩ 松岡修造氏絶賛！みんなが上手くなる8時間プログラム
―個別最適な学びと協働的な学びを通して―

● みんなが上手くなる8時間プログラム

　体育の授業の1単元は8時間程度で構成されることが多いです。ここでは、8時間のモデル単元計画を示します。

　松岡修造さんは、授業を参観された際、8時間という限られた時間の中で、子どもたちが主体的に考え、協働的に問題解決していく姿や、個々のめあてに応じてスキルを身に付けていく姿を見て、この8時間プログラムを全国に広めていくべきと言ってくださいました。ここでは、みんなが上手くなる8時間プログラムを紹介します。

（1）単元の目標

○相手から送られてきたボールの落下点を予測して動き、強弱を付けたボールをコントロールして打つことができる。　　　　　　　　　　　　　　　　　　　　　　　　　　　　【知識及び技能】

○浅いボールや深いボールへの状況を適切に判断して打ち返したり、組み立てて空いている空間を攻めたりすることができる。　　　　　　　　　　　　　　　　　　　【思考力、判断力、表現力等】

○互いに認め合い、励まし合い、高め合いながら、ゲームに取り組むことができる。
　　　　　　　　　　　　　　　　　　　　　　　　　　　　　　　【学びに向かう力、人間性等】

（2）カード資料

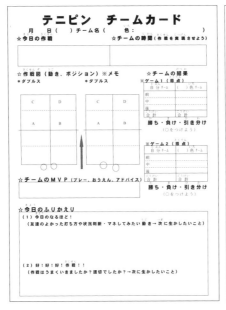

（3）単元計画（全8時間）

回	ねらい	主な学習活動
1・2	・テニピンを知る ・キャプテンを決めてチームをつくる ・試しのゲームをする 	【オリエンテーション】 ①ボールに慣れる ②個人のめあてに応じた練習 ③試しのゲームをする（8チームに分けて4コートでゲームをする） ※今もっている力で楽しめる「コロコロゲーム」や「キャッチ&ショットゲーム」から始める
3・4	・相手から送られてきたボールを返球する ・空いている空間を意識してゲームをする 	①学習の準備・テニピン遊び ②学習のポイントの確認 ③個人のめあてに応じた練習 ④ゲーム1（前後半3分）☆個人のめあてを意識 ⑤チームの時間（作戦を考えながら） ⑥ゲーム2（前後半3分）☆空いている空間を意識 ⑦振り返り ※直接返球でゲームする
5・6・7・8	・勝つための作戦を考えてゲームをする ・状況判断のもと返球し、得点する ☞ 中学年でテニピンを経験している場合、高学年では、単元後半は「ラケットテニピン」に取り組むことも可能 ☞ 本書では、発展版でラケットテニピン（P&S）を紹介	①学習の準備・テニピン遊び ②学習のポイントの確認 ③個人のめあてに応じた練習 ④チームの時間（作戦を意識） ⑤ゲーム ☆状況判断を意識 ゲーム1（前後半3分）→チームの時間（3分）→ゲーム2（前後半3分） ⑦振り返り ※直接返球でゲームをする

第4学年　体育科学習指導案

日　時：令和 6 年 2 月 19 日
場　所：体育館
対　象：4 年 1 組　35 名
授業者：今井　茂樹

1．単元名『テニピン』

2．単元の目標
○ラリーをつなげたり、ねらったところにコントロールしたりするコツを理解し、実践しながらゲームをすることができる。（知識及び技能）
○ルールを工夫しながら自分たちに合ったゲーム作りをしたり、自分の動きや相手の動きを考えた作戦を工夫したりしたことを、身体や言語で表現することができる。（思考力、判断力、表現力等）
○ルールを守り、他者と対話しながら協働的に学び合うことができる。（学びに向かう力、人間性等）

3．単元設定の理由
（1）子どもの実態について
　本学級の子どもは、運動好きな子が多く、休み時間においてもドッジボールやサッカー、鉄棒、縄跳びなど様々な運動に興じている。これまで、ボールゲームの学習は、タグラグビーとハンドボールを経験している。他者と対話しながら学び合い、チームや個々の力が高まることの良さを実感してきた。
　テニピンについては授業者のこれまでの実践を知っている子が多く、興味関心が高い。魅力的な教材の提示は運動の面白さを味わう上で必要不可欠である。子どもの興味・関心が一層高まる「テニピン」を子どもと共に創り上げていきたい。

（2）運動の面白さ
　運動固有の面白さを味わうことができれば、子どもたちは必然的に学びを深めていくことができる。換言すれば、「主体的・対話的で深い学び」は、運動の真の面白さを味わう過程で生まれる学びと言えるのではないだろうか。本実践では、新学習指導要領の例示にも取り上げれ、注目されているテニス型の授業実践における「主体的・対話的で深い学び」とはどのような学びかについても考えたい。

（3）指導の手立て
　テニピンの特性における特筆すべき点は「個が輝ける」ということである。全員が 1 得点の中で必ずボールに触れることができ、得点できる可能性をもっている。このようなゲームだからこそ、運動に主体的に関わり、学習課題に自分事として向き合い、運動の面白さを追究したくなるのではないだろうか。テニピンの面白さを全員が味わえるように以下の手立てを講じる。

○全員が活躍でき、運動量が保障できる魅力的な教材の提示及びルールの工夫
・「やってみたい」とワクワクするような教材・ルールを提示し、さらに楽しめるルールをクラスみんなで創り上げていく。
○今もっている力から始め、工夫した力で楽しめる指導計画の工夫
・ラリーをつなげる面白さからラリーを断ち切る面白さへ少しずつシフトしていく。
○個人やチームの必要感に応じた課題別ゲームの提示やめあてのもたせ方の工夫
・子どもたちが何を面白がっているのかを教師が子ども目線で把握し、課題別ゲームを提示し、個々が適切なめあてをもてるようにする。
○振り返りによる学びの拡張
・子どもと教師の面白さの考え方・捉え方を毎時間修正し、子どもの立場からの課題提示や振り返りの視点の明確化を図る。

4. 学習指導計画（全8時間）

第1次：オリエンテーション・ラリーをつなげることを楽しむゲームを行う。……　3時間
第2次：個人の課題やチームの作戦を意識し、リーグ戦を行う。……　5時間（**本時3／5時**）

5. **本時の学習指導（6／8時）**

（1）**本時のねらい**
- ・素早く打点に入りラリーを続けたり、ねらったところにボールをコントロールしてラリーを断ち切ったりすることができる。
- ・個やチームの課題を明確にもち、練習を選んだり、作戦を立てたりすることができる。

（2）**本時の展開**

主な学習活動（・予想される子どもの活動）	○留意点　☆テーマとの関連　※評価
1. チームごと学習の準備をする。 ・場や用具の準備 ・準備運動	○学習の見通しがもてるように、学習の流れ、対戦相手、コートを掲示資料で確認する。 ○準備運動を行い、十分に体をほぐすようにする。
2. 本時の学習の流れ、ポイントを確認する。 ・作戦や技能について ・付け加えられたルールの確認	☆前時の振り返りを紹介し、本時の学習課題を確認する。（運動の面白さの捉え直し）
どうしたら得点を取れるか状況判断して、ボールを打ち返そう。	
3. 個のめあてに応じた練習をする。 ・ねらったところに打ち返す練習をする ・スペースを意識した練習をする ・つなげる練習をする	☆個々の必要感に応じた練習を行い、用具を操作する力や空間認識力を身に付けさせる。 ※自分の課題を明確にもち、課題を意識した練習を選択し実行している。
4. チームで作戦に応じた練習をする。 ・技能を高める練習をする ・作戦を意識した練習をする ・ゲームをする	☆作戦を意識した練習ができるように動きの例を挙げ、作戦が実現する喜びを味わわせる。 ※攻めるとき、守るときの動き方や打ち方を考え、実行しようとしている。
5. リーグ戦をする。 ・コートは4面用意する ・ゲームはダブルス（2対2） ・ゲーム1（前後半3分）－チームの時間（3分）－ゲーム2（前後半3分） ・審判はセルフジャッジ	○作戦を意識してゲームができるように表情や動きなどを観察しながら、個に応じた声かけをする。 ☆よい動きは積極的に称賛して、本人も周りの子も認識できるように声をかける。 ※自分たちが考えた作戦や身に付けた技能がゲームの中で生かされている。
6. ゲームを振り返る。 ・チームで振り返る ・全体で振り返る（作戦・よい動き） ・個で振り返る ・片付け	☆振り返りは、テニピンの面白さに関する「友達の動きを見て真似してみたいと思ったこと、自分やチームのよい動きや次に生かしたいこと」に絞って話し合う。 　（振り返りによる学びの拡張） ※テニピン面白さの具体を捉え直し、次時のめあてづくりに生かしている。

テニピンのよいプレーのイメージづくり	学習課題確認

錦織圭選手や大坂なおみ選手の動画を視聴しテニスに興味・関心をもたせましょう。

子どもの実態に応じて課題を設定しましょう。

**下からやさしくポンと
打って、つなげるぞ。**

導 入

● オリエンテーション
・テニスの試合を視聴し、テニスの面白さを知る。
・YouTubeでテニピンの映像を視聴し、ルールを確認する。
・よいプレーのイメージをもたせる。

● 学習の準備をする。

● 第1時は、試しのゲームを行う。

🔊 教師の言葉かけ

・映像の中で、どんなプレーが心に残りましたか？
・テニピンの面白さって何だろう。

展開①

● 学習課題を確認する。
・素早く、ボールの位置に移動しよう。
・1、2（1、2、3）のバウンドのリズムに合わせて、やさしく返球しよう。
・相手コートに上手に返球するにはどうしたらよいだろう。
● テニピン遊びでウォーミングアップをする（→テニピン遊びp.40-41参照）。
・ペアでコロコロラリー30回
・ペアでキャッチ&ショットラリー30回
・ペアで直接ラリー10回
・ペアラリーで表裏対決

🔊 教師の言葉かけ

・ボールがどこに落ちるかを予測して、先にその場へ移動しよう。
・つなげる打ち方は、膝の前でやさしく下からポンと打ち上げるように打ってみよう。

コロコロテニピンゲーム／キャッチ＆ショット

テニピンの基本的なルールやゲームするうえで大切な技能及び動き方について考えさせましょう。

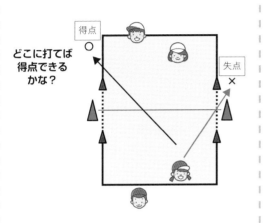

得点 ○

どこに打てば
得点できる
かな？

失点 ×

振り返り

「相手コートに上手に返球するにはどうしたらよいか」を中心に話し合いましょう。

素早く移動して構えて
打つと、返球しやすいよ。

バウンドのタイミングに
合わせて、下からやさしく
ポンと当てると、
返しやすいよ

展開②

●4つの練習の場を紹介し、ローテーションしながら4つの場の練習を経験する。
（→課題別練習p.52-53参照）
・続けてみそ
・ねらってみそ
・エースをねらえ
・キャッチ＆スロー／キャッチ＆ショット

●ゲーム1をする。
・前後半3分のゲームをする。
☞ 自分のめあてを考える。

●作戦タイム（3分）
☞ 個々のめあてをもち寄り、お互いにアドバイスし合いながら練習する。

●ゲーム2をする。
・前後半3分のゲームをする。

終末

●チームで振り返る。
・テニピンの面白さや友達のよかった動きについて話し合い、次の時間に頑張りたいことをまとめる。

●クラス全体で振り返る。
・展開①の「学習課題」について、全体で振り返り、よかった動きやチームで上手くいったことについて共有する。

評価のポイント

・ボールの落下点を予測し、素早く移動し、バウンドにタイミングを合わせて打てている。
・相手のコートに上手に返球する打ち方について考えようとしている。
・友達のよい動きを見て、自分の動きに生かそうとしている。

3・4 時間目 〈簡単な状況判断のもと直接返球してゲームをする〉

状況判断を楽しむ	学習課題の確認
浅いボール、深いボールにおける状況判断の大切さを理解させましょう。	浅いボールと深いボールへの対応の仕方について考えさせましょう。

導 入	展開①

導 入

●学習の準備をする。

●準備が終わったチームから、テニピン遊びをする。
・ペアでコロコロラリー30回
・ペアで表裏対決
・ペアでキャッチ＆ショットラリー30回
・ペアで直接ラリー10回

展開①

●学習課題を確認する。
・浅いボールと深いボールへの適切な状況判断をしてゲームをしよう。

●個の必要感に応じた場を選択して、課題別練習を行う。
・続けてみそ
・ねらってみそ
・エースをねらえ
・キャッチ＆スロー／キャッチ＆ショット

▶ **教師の言葉かけ**

テニピン遊びの段階から下記の声かけを一貫して行う。
・ボールの落下点を予測して、素早く移動しよう。
・1バウンドか2バウンドかを素早く判断して、タイミングを合わせて返そう。
※実態に応じてキャッチを許容する。

▶ **教師の言葉かけ**

・浅いボール＝打ちやすい
→攻めるためには、どんな打ち方をして、どこへ返したらよいかな？

・深いボール＝打ちにくい
→守るためには、どんな打ち方をして、どこへ返したらよいかな？

| ゲーム分析 | 振り返り |

ゲームを分析させましょう。

状況判断に応じた打ち方にも着目しましょう。

浅いボールは
チャンスだよ！

横に振って強い
ボールを打とう！

浅いボールは踏み込んで
横から横へ強くラケットを
振るといいよ。

深いボールは、高く深く、
下から打ち上げるように
打つといいよ。

展開②

●チーム練習をする。
・課題別練習から選択もしくは、アレンジ
　して行う。

●ゲーム1をする。
・前後半3分のゲームをする。

●ゲーム2をする。
・前後半3分のゲームをする。

📢 教師の言葉かけ

・よい動きを称賛して、周りの子に広めていく。
・浅いボールは、攻撃できるから、強いボー
　ルを打っていこう。
・深いボールは、攻撃できないから、相手が打
　ちにくいような高くて深いボールを返そう。
→分析カード（空間分析カード〈浅い・深
　い〉）p.77参照

終末

●チームで振り返る。
・分析カードを基に、浅い・深いボールへ
　の状況判断ができていたかを確認する。
・友達のよかった動きや相手コートのどこを
　ねらって返すとよいかについて、話し合う。

●クラス全体で振り返る。
・展開①の「学習課題」について、全体で
　振り返り、よかった動きや作戦について
　共有する。
・浅いボールと深いボールへの状況判断に
　ついて確認する。
・浅い・深いに関する判断をこえて、4等分
　（→ABCDの空間p.72参照）にも目を向ける。

評価のポイント

・浅い・深いに関する適切な状況判断につ
　いて理解している。
・その判断を基に、プレーしている。

5・6
時間目

〈空いている空間を意識してゲームをする〉

空いている空間への意識

空間認知（状況判断）と打ち方（スキル）は、大切な学習内容です。毎時間、学習課題の１つとして取り上げ、学びを深めていきましょう。

どこのスペースに打てば、得点になるかな？

C	D
A	B

個の必要感に応じた課題別練習

必要感に応じた場を選択させましょう。

今日は、キャッチ＆ショットで空いているスペースを攻める練習をしよう。

導入

●学習の準備をする。

●準備が終わったチームから、テニピン遊びをする。
・ペアでコロコロラリー30回
・ペアで表裏対決
・ペアでキャッチ＆ショットラリー30回
・ペアで直接ラリー10回

▶教師の言葉かけ

テニピン遊びの段階から下記の声かけを一貫して行う。
・ボールの落下点を予測して、素早く移動しよう。
・２バウンドを上手く活用して、タイミングを合わせてポンとやさしく返そう。

展開①

●学習課題を確認する。
・空いているスペースを攻める作戦を考えてゲームをしよう。
・攻める・守るときの打ち方を考えよう。

●個の必要感に応じた場を選択して、課題別練習を行う。
・続けてみそ
・ねらってみそ
・エースをねらえ
・キャッチ＆スロー／キャッチ＆ショット
・テニピンゲーム

▶教師の言葉かけ

・〇〇さんは、キャッチ＆ショットを選択しているけれど、ねらった場所に打てるようになったから、直接返球のゲームをして試してみよう。
→適切なめあてをもてているか、教師が確認し、修正を加える。

ゲーム

空いているスペースを攻めることを意識して、ゲームをさせましょう。

相手が右にいるから、
左に打とう。
相手が後ろ側にいるから、
前にボールをやさしく落とそう。

振り返り

「相手の状況を見て、どこに返球すれば得点できるか」を中心に話し合いましょう。

○○さんは、相手が
真ん中に構えていた
ので、深く返して
たくさん得点
していました。

○○さんは、相手がいない
ところに強いボールを
打って得点していました。

展開②

●ゲーム１をする。
・前後半３分のゲームをする。

●チーム練習をする。
・課題別練習から選択して、チームに必要な練習を行う。

●ゲーム２をする。
・前後半３分のゲームをする。

▶教師の言葉かけ

・よい動きを称賛して、周りの子に広げていく。
・必要な練習をしているかどうか各チームを見回り、修正点などをアドバイスする。

終末

●チームで振り返る。
・友達のよかった動きや考えた作戦について振り返る（空いているスペースのこと、打ち方のこと）。

●クラス全体で振り返る。
・展開①の「学習課題」について、全体で振り返り、よかった動きや作戦について共有する。

評価のポイント

・空いているスペースを認識している。
・状況に応じてつなげる打ち方と強く打つ打ち方を理解し、実践しようとしている。

〈適切な状況判断をしてゲームをする〉

分析を活用	学習課題提示
空間分析カード（p.77参照）を効果的に活用し、適切な状況判断について考えさせましょう。	得点するために「組み立てる」ことへの意識をもたせましょう。

Dに空いているスペースをつくり、得点するためにはどうしたらよいだろう？

導入	展開①
●学習の準備をする。 ●準備が終わったチームから、テニピン遊びをする。 ・ペアでコロコロラリー30回 ・ペアで表裏対決 ・ペアでキャッチ＆ショットラリー30回 ・ペアで直接ラリー10回	●学習課題を確認する。 ・組み立てて空いているスペースを攻めよう。 ・「浅い・深い」に関する状況判断を基に、打ち方を考えよう。 ●個の必要感に応じた場を選択して、課題別練習を行う。 ・続けてみそ ・ねらってみそ ・エースをねらえ ・キャッチ＆スロー／キャッチ＆ショット ・ゲーム

🔊 教師の言葉かけ

テニピン遊びの段階から下記の声かけを一貫して行う。
・ボールの落下点を予測して、素早く移動しよう。
・1バウンドか2バウンドかを素早く判断して、タイミングを合わせて返そう。
・下から上にやさしくポンと打とう。

🔊 教師の言葉かけ

・学習課題について、図面（p.72参照）を活用しながら、スペースをつくり、スペースを攻めるとは、どのようなことかを確認します。
☞Aにスペースをつくるにはどうしたらよいかな？D→D→D→Aなど、相手を一か所に集め、スペースをつくるといいですね。

チーム練習	振り返り

チーム練習では、課題別練習をアレンジして考えてもよいことを伝えましょう。

組み立て方について、考えたこと、実現できたことを学び合いましょう。

> 今日は、続けてみそと
> ねらってみそを１つにした
> 練習をしようよ！

> ①C→D→C→Bのように、後ろで相手を左右に動かし、最後手前に落とすと得点できました。

> ②深く相手の足元にねらって速いボールを打つと得点できました。

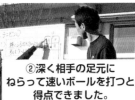

展開②

●チーム練習をする。
・課題別練習を基にアレンジして行う。

●ゲーム１をする。
・前後半３分のゲームをする。

●ゲーム２をする。
・前後半３分のゲームをする。

終末

●チームで振り返る。
・友達のよかった動きやどのような組み立て方をすると得点できているのかについて話し合い、次の時間に頑張りたいことをまとめる。

●クラス全体で振り返る。
・展開①の「学習課題」について、全体で振り返り、よかった動きや作戦について共有する。
・深いボールと浅いボールの状況判断を伴った打ち方について確認する。

📢 教師の言葉かけ

・よい動きを称賛して、周りの子に広めていく。
・どこにどのようなボールを返球すると得点できるのか、また、空いているスペースの組み立て方について分析してみよう。
→空間分析カード（空間分析ABCD）p.77 参照

評価のポイント

・空いているスペースを攻めるための「組み立て方」について理解している。
・浅い・深いボールに対応した打ち方ができている。

シングルステニピン

小規模校や少人数学級ではテニピンのシングルスゲームをおすすめします。どこにどのようなボールを打てばよいのか、より自分事として考え、問題解決力が高まります。また運動量も保障されます。

ラケットテニピン・P&S

ハンドラケットとミニラケットにおける打ち方で、同じところと違うところを考えさせましょう。

ハンドラケットの手の平感覚と、柄の付いたミニラケットの感覚はどのような違いがあるだろう。

①ハンドラケットは手で打つ感覚だけれど、柄の付いたラケットは手から離れるから難しそう

②でも、打点の入り方も打ち方も変わらなそうだよ！

ルール

①ジャンケンでチャンピオンを決めます。
②チャンピオンはレシーブ側、チャレンジャーはサーブ側となります。
③サーブ側（チャレンジャー）がやさしくレシーブ側（チャンピオン）にサーブを打ったところからゲーム開始となります。
④1ポイント勝負で、勝った人がチャンピオンとなり、負けた人はチャレンジャーの最後尾に並び、自分の順番が回ってくるまで列で待機します。
⑤チャンピオンになったときに1得点入り、さらにそこで勝ち続ければ、得点を加算できます。
⑥時間制（例えば5分間）で最も得点を多く取れていた人が総合チャンピオンとなります。
●慣れてきたら、オーバーハンドのサービスからのスタート、1回だけボレー可能などアレンジしましょう。

●学習課題を確認する。
・ミニラケット操作のコツを考えよう。
・適切な状況判断や組み立てを意識してゲームをしよう。

●エビデンスを示す。
テニピンを行っているとラケット操作が上手くなるという研究データ（エビデンス）を示し、子どもたちのやる気を高めるようにしましょう（p.48、94参照）。

空間分析カード ABCD、分析カード記入例

テニピン　空間ぶんせきカード ①　　　　　　　　　　　　　月　　　日（　）チーム名【　　　　　】

どこにボールを打つと得点につながる調べるカードです。打った場所をふりかえり、得点につながる有こうな空間を見つけよう。

☆ゲーム1　　　　　　　記録＜　　　＞　　　　　　＜　　　＞　　　　　　＜　　　＞

空間	メンバー（前）：（　　　）（　　　）	メンバー（中）：（　　　）（　　　）	メンバー（後）：（　　　）（　　　）
A			
B			
C			
D			

☆ゲーム2　　　　　　　記録＜　　　＞　　　　　　＜　　　＞　　　　　　＜　　　＞

空間	メンバー（前）：（　　　）（　　　）	メンバー（中）：（　　　）（　　　）	メンバー（後）：（　　　）（　　　）
A			
B			
C			
D			

【ぶんせきデーター】
● 触球　　　　●━━●━◎：自分のポイント　　　━━━━
　　　　　　　●━━●━×：相手のポイント

☆空間の名称

C	D
A	B

自陣

☆ぶんせきの仕方
・深く打つと（C・Dに打つと）どうなるかな？
・浅く打つと（A・Bに打つと）どうなるかな？
・左側に打つと（A・Cに打つと）どうなるかな？
・右側に打つと（B・Dに打つと）どうなるかな？

空間を上手に使ってポイントをとろう！

【メモ】

テニピン　空間ぶんせきカード ②　　　　　　　9月15日（火）チーム名【　　JTA　　】

どこにボールを打つと得点につながる調べるカードです。打った場所をふりかえり、得点につながる有こうな空間を見つけよう。

☆ゲーム1　　　　　　　　　　　　　　　　　記録＜　福井　＞

空間	メンバー（前半）：（ 松岡 ）（ 坂井 ）　メンバー（後半）：（ 今井 ）（ 土橋 ）	触球数
A		7
B		7
C		6
D		10

☆ゲーム2　　　　　　　　　　　　　　　　　記録＜　　　＞

空間	メンバー（前半）：（　　　）（　　　）　メンバー（後半）：（　　　）（　　　）	触球数
A		
B		
C		
D		

【ぶんせきデーター】
● 触球　　　　●━━●━◎：自分のポイント　　　━━━━
　　　　　　　●━━●━×：相手のポイント

☆空間の名称

C	D
A	B

自陣

☆ぶんせきの仕方
・深く打つと（C・Dに打つと）どうなるかな？
・浅く打つと（A・Bに打つと）どうなるかな？
・左側に打つと（A・Cに打つと）どうなるかな？
・右側に打つと（B・Dに打つと）どうなるかな？

空間を上手に使ってポイントをとろう！

【メモ】

第2章 理解度チェックリスト

第2章で学んだことや身に付いた知識を、チェックリストで振り返りましょう！

 1 テニピンの基本的なルール

- ☐ テニピンの基本的なルールを知る。
- ☐ 初心者指導では、柔軟でやさしいルールの工夫を心がける。

2 用具・場・環境について

- ☐ コートは体育館でも屋外でも簡単につくることができる。
- ☐ 安心・安全・簡単な環境設定を心がける。

3 ウォームアップ・コーディネーション

- ☐ テニスは 36 の基本の動作のうち、16 の動きに対応している。
- ☐ テニピン遊びを毎時間のウォームアップとして帯で実施する。

4 状況判断能力の高め方

- ☐ 図面を活用して、オープンスペースへの気付きを基に思考力を高める。
- ☐ 明確な視点をもたせ、「見る」「支える」「知る」の観点からゲームに参加する。

5 ボール操作スキルの高め方

- ☐ 状況判断と重ね合わせて、つなげる打ち方と攻める打ち方について考える。
- ☐ テニピンを通して多様な動きを育み、ボール操作スキルを高める。

6 個別最適な学びを保障する課題別練習

- ☐ 運動の特性から課題別練習の場を考える。
- ☐ 個々の必要感に応じて適切な場を選択できるように環境を保障する。

7 ゲームの進め方－テニピンゲームのいろいろ－

☐ 発達段階に応じて適切なゲームを選択する。
☐ コロコロテニピン⇒キャッチ＆スロー⇒キャッチ＆ショット⇒テニピン。

8 発展的なゲーム－テニスへの接続を意識して－

☐ 「手ニス」であるテニピンから、ラケットを使用した「テニス」へ移行する。
☐ ラケットテニピンや TENNIS PLAY&STAY を学校教育でも実践する。

9 幼児期向けのテニピン遊びプログラム

☐ 幼稚園・保育所の運動遊びと小学校低学年期のボール遊びとの接続を考える。
☐ テニピン遊びを通して、遊びから学びにつなげる。

10 松岡修造氏絶賛！みんなが上手くなる8時間プログラム

☐ 子どもたちが主体的に考え、協働的に問題解決
　していく授業づくり（指導）を考える。
☐ 個々のめあてに応じて取り組み、スキルを身に
　付けていく授業づくり（指導）を考える。

茂樹先生からの振り返り〜第2章を通して学んだこと〜

第2章では、テニピンを実際に指導するうえで重要な視点及び、具体的な指導スキルについて整理してきました。ここで言う指導とは、丸投げをする放任的な指導や、指導者主導の強制的な指導のことではありません。子どもたちが主体的かつ必要感に応じて自己目的的に取り組み、さらに仲間と協働的に学び合うことで、学びを深め、結果的にスキルや状況判断といった能力を身に付けていくことに貢献する指導です。第2章を参考に、子どもたちの主体性が発揮される指導を目指しましょう。

コラム 伊達公子さんとの渋谷区部活動プロジェクト

2022年度から伊達公子さんにお声がけいただき、渋谷ユナイテッド硬式テニス教室（渋谷区部活動プロジェクト）に参画しています。

中学校の部活動において、少子化の中で学校単位での運営が厳しくなっている状況や指導・大会引率による教員の大きな負担等、社会課題として部活動の「地域化」が求められています。渋谷区では全国に先駆け、令和3年度にシブヤ「部活動改革」プロジェクトを立ち上げ、それを推進する団体として、「一般社団法人渋谷ユナイテッド」を設立し、渋谷の未来創りに取り組んでいます。

この渋谷区部活動プロジェクトでは、中学生だけではなく、小学4年生から受け入れをしています。小学校段階からテニスに興味をもってもらい、中学校の部活動へスムーズに移行しようという意図があるとのことです。

こうした小学生段階のみならず、中学生段階でもすぐにラケットで硬式テニスボールを打ってラリーをしたり、ゲームをしたりすることは難しいことです。

そこで、伊達公子さんから、「年間3回行うテニス教室の中で、テニピンからスタートしたい」というお話をいただいたことが参画のきっかけです。

テニス教室の中では、全員がウォームアップの位置付けで、テニピンを行います。後半は、経験者と初級者2つのクラスに分かれ、初級者クラスは、継続してテニピンを行い、後半はP&Sを行う流れで展開しています。

初級者グループは3回という少ない回数ではありましたが、テニピンとP&Sを融合させたプログラムを実施したことにより、ラケット操作スキルが高まり、自分たちで十分にゲームを楽しむことができるようになりました。この姿に、伊達公子さんも「みんな、凄く上手くなっていますね！凄い！！」と喜んでくださっていました。

こうした渋谷区部活動プロジェクトにおける硬式テニス教室は、テニス普及に留まることなく、中学校部活動改革が叫ばれる中、部活動地域移行モデルの1つとして提供できる取組であり、教育界への貢献にもつながります。

渋谷区部活動プロジェクトの様子については、動画をご視聴ください。

第3章

ステップアップ

〜目指せ!
テニピンマスターへの道〜

3

01 技能的ステップアップ・戦術的ステップアップ①
─シングルスでの活用事例の紹介─

動画でCheck!

シングルスでも活用できるテニピンの魅力

　基本的にダブルスで行うテニピンを**シングルス形式**にすることで、自分1人での攻防を組み立てる力や問題解決力を養うことができます。

　また、ルールに「ボレー（ノーバウンド）を1得点の中に1回入れてもよい」ことを追加することで、どのタイミングでボレーに出ると効果的なのか、得点できるのかを考えることができます。このように、シングルスにボレーのルールを加えることで、より空いているスペースをねらいやすくなり、「空間認知力」「状況判断能力」の育成を目指すことができます。

実践紹介①【チャンピオンゲーム】

　ここでは、シングルスのチャンピオンゲームの行い方を紹介します。

　チャンピオンゲームとは、シングルスゲームを行い、勝ち残ると1点を加算し、時間制（例えば5分間）で一番多く、得点を取った人が勝ちとするゲームです。1ポイントで、順番が回っていくので、待ち時間もなく、テンポよく進められます。1ポイントで勝敗が決まることから、**勝敗の未確定性**が保障され、チャンピオンの子もチャレンジする子も、モチベーションを維持したまま、プレーすることができます。

　1コートに入る人数は3〜6人ほどが望ましいです。よって、小規模校などでテニピンを実践する場合は、シングルスも積極的に実践することをおすすめします。その人数を超えると、待機時間が長くなるため、ダブルスで実施したほうがよいでしょう。

【ルール】
①ジャンケンでチャンピオンを決めます。
②チャンピオンはレシーブ側、チャレンジャーはサーブ側となります。
③サーブ側（チャレンジャー）がやさしくレシーブ側（チャンピオン）にサーブを打ったところからゲーム開始となります。
④1ポイント勝負で、勝った人がチャンピオンとなり、負けた人はチャレンジャーの最後尾に並び、自分の順番が回ってくるまで列で待機します。
⑤チャンピオンになったときに1得点入り、さらにそこで勝ち続ければ、得点を加算できます。
⑥時間制（例えば5分間）で、最も得点を多く取れていた人が「総合チャンピオン」となります。

実践紹介②【オーバーハンドサーブ～ワンボレーあり～】

　よりテニスのゲームに近づけるためのルールの工夫を紹介します。以下のルールでゲームをすることにより、サービスで必要なオーバーハンドでの打ち方の基礎・基本を身に付けることができます。また、ボレー（ノーバウンド）返球を可能とすることで、どのように得点をとったらよいのか、状況判断能力が育まれます。

①サービスはオーバーハンドで、自陣に1バウンドさせてネットを越すように打ちます。

　サービスを打つ場所は、どこから打っても構いません。

②1得点の中で、1回だけボレー（ノーバウンド）返球を可とします。

③その他のルールは、チャンピオンゲームと同様に進めます。

※3分間のタイムマッチ制にするなど、ゲームの進め方は自由です。

元日本代表監督によるテニピン対決

ワンポイントチェック～茂樹先生と修造先生から一言～

シングルスで行うテニピンでは、1対1のゲームとなるので、どこに、どのように打てば得点できるのか、自分事として問題解決し、状況判断能力を養うことができます。

テニピンマスターの視点から

本章ではテニピンからテニスへの移行を、より詳細に解説します。テニピンで初めてテニス型ゲームに触れた子どもが、ゆくゆくは日本を代表するようなテニスプレーヤーになることを期待しています！

プロテニスの視点から

テニピンリーダーへの道

テニピンはシングルスでも実践すべし!

01 技能的ステップアップ・戦術的ステップアップ②
─状況判断能力とスキルの融合─

動画でCheck!

状況判断能力とスキルは重ね合わせて指導する

テニス指導においては、できるようになったスキルをいかに活用し得点をとるのかといった、「スキル→戦術・状況判断」という指導の流れが一般的です。これは、スポーツ指導全体においても一般的と言えるのではないでしょうか。

しかし、この流れでは、スキルが身に付かなければ、ゲーム性を楽しむことができません。テニピンでは、スキル定着が容易に図れるため、「どこに、どのようなボールを打てば得点できるか」といった**状況判断能力**を同時に学ぶことができます。

状況判断のスモールステップ

STEP❶ 前後の状況判断とスキルを重ねる

右のような図面を提示し、自陣の真ん中の線より、相手から返球されたボールが前方（AB）に落ちたらどうするか、後方（CD）に落ちたらどうするか、といった状況判断を学習課題とします。前方に落ちれば、攻めるボール、後方に落ちれば、守るボールと理解が図れれば、次に、「では、どのようなボールを打ったらよいのか」といったスキルに視点を向けます。攻める判断であれば、「強く、速いボール」「空いているスペースへ」、守りの判断であれば、「深く、山なりのボール」など、スキルと重ね合わせながらプレー選択をするように促します。

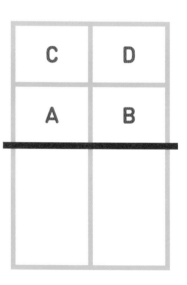

STEP❷ 4つの区分（ABCD）の空間認知

前後の状況判断を発展させて、4つの区分（ABCD）を示し、「相手コートのどこにどのようなボールを打てばよいのか」、戦術の組み立てを意識できるように学習課題を設定します。

Dにボールを集め、AやCにオープンスペースをつくり、CやAに返球するといった思考力が育まれていきます。

つなげるとき

攻めるとき

　ショーンボーン（2015）は、スキル指導の問題点を指摘し、テクニックの完成後に正確性といった従来の方法は、とうに終わっているはずとされ、学習効果が低いうえに、子どものモティベーションを下げると述べています。そのうえで、下図を示し、ターゲットゾーンを設定して、状況判断とスキルを重ね合わせたレッスンの重要性を指摘しています。

　小学校体育においても、高学年段階でこの図面は効果的です。「〈5〉は打ったらピンチになる」「〈3や4〉が深いからいいよね」「〈2〉は相手をコート外に追い出せるから有効だよ」といった状況判断に関わる学び合いが主体的に生まれていきます。

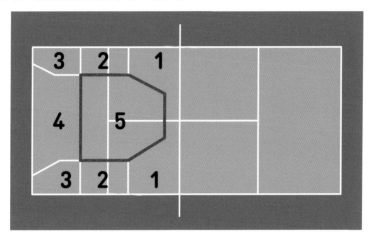

ワンポイントチェック〜茂樹先生と修造先生から一言〜

テニピンマスターの視点から

私は、子どもたちに錦織圭選手や、ジョコビッチ選手といったトッププロの試合を見せます。そうすると、特に〈2〉でエースショットを打ち込んでいることに気付き、そこをねらうようになっていきました！

トッププロの試合を見て学ぶことはとても重要です。オープンスペースをどのようにつくっているのか、そして、どのような打ち方をしているのか、状況判断とスキルを重ねてプロの試合を観戦してみましょう！

プロテニスの視点から

テニピンリーダーへの道

状況判断とスキルを重ねて考えるべし！

02 評価の ステップアップ① －状況判断的知識の定着を図る－

状況判断＋満足感＝ゲームを楽しむ

　スキル重視ではなく、状況判断を重視し、**「ゲームを楽しむ」**ことを共通項に展開されてきた「TENNIS PLAY&STAY」と「テニピン」ですが、状況判断に関わる成果や課題が精緻に分析されてきていない現状を指摘できます。ゲームを楽しむことを重視したプログラム展開の中で、子どもたちが適切な**状況判断的知識**を定着させ、さらに**満足感**を示すことができれば、状況判断を通してゲームを楽しむことの１つの指標となります。

状況判断に係る認知テストの開発

　TENNIS PLAY&STAY で大切にしたい５つの基本戦術（日本テニス協会、2016）を基に、児童期に達成したい状況判断に関する項目を日本テニス協会普及委員メンバー３名で検討し、**状況判断的知識テスト**を開発しました。

　５つの基本戦術は、以下のとおりです。

①相手コートにボールを入れ続ける。
②相手を走らせる。
③相手のショットに対して適切なポジションをとる。
④得意なショットを使う。
⑤相手の弱点を攻める。

　状況判断的知識テストの内容は、次ページの右表のとおりです。

　項目１・２・３は基本戦術①、項目４・５・６は基本戦術②、項目７・８・９は基本戦術③、項目10・11・12は基本戦術④、項目13・14・15は基本戦術⑤についての内容です。最も適切な状況判断を３点、次に考えられる状況判断を２点、できるだけその判断は避けたいと考える状況判断を１点としました。

どんな状況判断や組み立てができるかな？

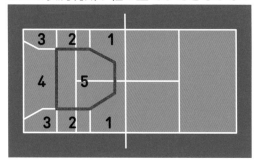

テニピンの育成強化への貢献

どんな状況判断を
学んできたかな？

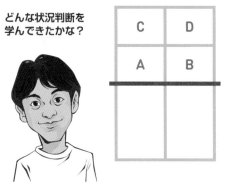

JTA　ジュニアテニス教室　認知テスト（状況判断能力）

月　　日（　　）名前（　　　　　　　　　　　　　　　　）

　テニスは相手から送られてくるボールを打ち返して、とく点をきそい合うゲームです。どうしたらとく点できるのかを考えながら、攻めたり守ったりしてプレーすることが大切です。
　次の問題の状況のとき、あなたは、どのような判断をしますか？正しいと思う番号に〇をつけてください。

■戦術1：相手コートにボールを入れ続ける
問1：ゲームがはじまりました。皆さんは、まずどんなことが大切だと考えますか？（戦術1）
　1．入っても入らなくても強いボールを打って勝負する
　2．まずは相手コートにボールを入れ続けながら様子をさぐる
　3．今回のゲームは練習だと思って、がんばることを大切にする
問2：打つボールをネットにかけないようにするにはどうしたらいいですか？（戦術1）
　1．ネットの少し上の高さを狙って打つ
　2．ネットの高さギリギリを狙って打つ
　3．アウトしてもよいと思って、思いきり打つ
問3：自分の打ったボールがコートに入らない（ミスをする）ときはどうしますか？（戦術1）
　1．今日は調子が悪いと思って、次の練習のことを考える
　2．入るまで同じように打ち続ける
　3．打つボールのスピードや高さを変えたり、打ち方を工夫したりする

■戦術2：相手を走らせる
問4：相手を走らせた後、あなたは次のボールをどこに打ちますか？（戦術2）
　1．あいてのいない場所（走らせた方向と反対の場所）をねらう
　2．あいてを走らせた場所（同じ場所）をねらう
　3．真ん中をねらう
問5：とく点をとるために、どのようなボールを相手に返しますか？（戦術2）
　1．相手の正面に返球する
　2．前後左右を使い、相手を走らせるように返球する
　3．決めた同じ場所にねらって打ち続ける
問6：ゲームをするとき、どのようなときに楽しいと感じますか？（戦術2）
　1．真ん中でラリーが長く続いている
　2．コートをいっぱい使って相手を前後左右に走らせる
　3．自分も相手も、強いボールを打って、すぐにラリーが終わる

■戦術3：相手のショットに対して適切なポジションをとる
問7：あなたはコートの外に走らされました。どうしますか？（戦術3）
　1．すぐにコートの真ん中あたりまで戻る
　2．ボールを打った場所にとどまり様子をみる
　3．すぐにコートの反対側まで走りぬける
問8：相手から浅いボールが来ました。あなたは、どうしますか？（戦術3）
　1．ボールを打った場所で、ラリーを続ける
　2．強いボールを打って、ネットに近づいてボレー（ノーバウンド）にチャレンジする
　3．ベースライン（後ろのライン）まで戻り、ふんわりしたボールを返す
問9：ベースライン（後ろのライン）から打ったボールで相手をコートの外に追い出しました。あなたはどの場所で次のボールを待ちますか？（戦術3）
　1．打った場所と同じベースライン（後ろのライン）
　2．打った場所のベースライン（後ろのライン）より下がる
　3．打った場所のベースライン（後ろのライン）より前に入る

■戦術4：得意なショットを使う
問10：相手があなたの得意な打ち方で打たせてくれないとき、あなたはどうしますか？（戦術4）
　1．得意な打ち方で打つことができるよう、作せんを考える
　2．得意な打ち方で打つことができるまでがまんして待つ
　3．得意な打ち方で打てないならしかたないと思う
問11：あなたはフォアハンドが得意だとします。次のプレーのうち、どれをえらびますか？（戦術4）
　1．すべてのボールをフォアハンドで打つ
　2．真ん中に来たボールは、バックハンドで打つ
　3．浅く、少しバックハンドよりにボールが来て、どちらでも打てる場合、フォアハンドで打つ。
問12：チャンスボールがやってきました、あなたはどういう打ち方をえらびますか？（戦術4）
　1．とんできた方向（フォア・バック）でそのまま打ち返す
　2．得意な打ち方（フォア・バック）に回り込んで強いボールを打ちこむ
　3．ミスをしてはいけないので、ゆったりしたボールを返す

■戦術5：相手の弱点を攻める
問13：ゲームをするとき、何を考えてプレーをしますか？（戦術5）
　1．相手をよくかんさつして、苦手なことをさせるよう考えてプレーをする
　2．相手のことは気にせず、自分のしたいプレーをする
　3．おもいっきりプレーをする
問14：ラリーをしている中で、相手はフォアハンドばかり打ち、バックハンドをあまり打ちません。あなたは、どう戦いますか？（戦術5）
　1．同じフォアハンドでラリーを一緒に続ける
　2．バックハンドが苦手と判断し、バックハンド側を攻める
　3．自分がバックハンドを打つ
問15：相手を困らせるためにどんな作戦を考えますか？（戦術5）
　1．苦手そうなバックがわをねらう
　2．得意そうなフォアがわをねらう
　3．大声を出して、ガッツポーズをする

★8回のテニス教室を通して、学んだことを自由に書いてください。

02 評価の ステップアップ② ─短期テニス教室プログラム実践例─

状況判断的知識が定着する短期テニス教室プログラム

　先述したように状況判断的知識が定着し、満足感が高いテニス教室プログラムを提供できれば、子どもたちのテニスへの興味・関心につながり、継続性をもたらし、結果的にテニス人口減少に歯止めをかけることが期待できます。児童期を対象に、週に一度、連続的に合計8回という短期的なテニス教室プログラムを構築し、実践を通して、短期テニス教室プログラムとしての有効性について検討した実践を紹介します。

短期テニス教室プログラムの構築及び指導内容

　短期テニス教室において、テニピン及び TENNIS PLAY&STAY を融合させたプログラムを採用します。ゲーム中における状況判断を中心課題として取り上げ、学びが積み重なるようゲームを中心活動としたプログラムを検討しました。その理由として、両者は状況判断を強調し、ゲームの面白さを味わうことに重きを置いていることが共通項であるためです。この視点に立ち、日本テニス協会普及委員のメンバー3名で、短期テニス教室プログラムの構築及び指導内容を検討しました。
　下の表に、8回分の指導内容を示しました。

教室前	分	1・2（テニピン60分/PS30分）	3・4（テニピン45分/PS45分）	5・6（テニピン45分/PS45分）	7・8（テニピン30分/PS60分）	教室後
認知テスト	課題	相手コートに打ち返す打ち方を考えよう	得点するためにはどうしたらよいか考えよう	ABCDの図面を見て、攻め方・守り方を考えよう	1〜5番の図面を見て、攻め方・守り方を考えよう	認知テスト
技能テスト 形成的授業評価（毎時間）	テニピン	①準備運動（1人テニピン遊び、2人テニピン遊び） ・1人テニピン遊び（ボールつき、ボール打ち上げ、ボール打ち上げながら移動） ・2人テニピン遊び（コロコロラリー、表裏ゲーム、ペアラリー（キャッチ有・無）、的当てペアラリー）				技能テスト 形成的授業評価（毎時間）
		②学習課題の確認 ③コロコロゲーム ④キャッチ&スロー ⑤フープへGO（ネット挟）	②学習課題の確認 ③コロコロゲーム ④キャッチ&ショット（キャッチは選択）	②学習課題の確認 ③キャッチ&ショット ④テニピン（ダブルス） ⑤テニピン（シングルス）	②学習課題の確認 ③テニピン（ダブルス） ④テニピン（シングルス）	
	P&S	❶ラケッティング ・セルフラリー（個々でボールを下についたり、上に打ち上げたりしてラリー） ・ゴロラリー（ペアでボールを転がしながらラリー） ・パートナーラリー（ペアラリー／ペアの中央に描いた円に1バウンドさせて交互に打つ協力ラリー）				
		❷コロコロゲーム ❸キャッチ&ショット（フープへGO/ネット挟） ❹振り返り （テニスでは、どうすれば得点できると思う？） ☞取りにくいコース、取りにくいボール、相手を動かすに焦点化し、3時以降を展開する	❷コロコロゲーム ❸キャッチ&ショットゲーム（キャッチは選択／サービスは下からor投げ入れ） ❹シングルスゲーム（レッドコート） ※3hゲーム分析 ❺振り返り	❷サービス・リターン練習（オレンジコート） ❸ダブルスゲーム（ペアで交互に打つ） ❹シングルスゲーム（レッドコート） ❺振り返り	❷サービス練習 ❸シングルスゲーム（レッドコート） ※8hゲーム分析 ❹シングルスゲーム（オレンジコート） ❺チャンピオンゲーム ❻振り返り	

成果と課題

（1）状況判断的知識について

	戦術①			戦術②			戦術③			戦術④			戦術⑤			全体		
	教室前	教室後	t 値	教室前	教室後	t 値	教室前	教室後	t 値	教室前	教室後	t 値	教室前	教室後	t 値	教室前	教室後	t 値
平均値	7.08	8.08	-3.606 p<.01	7.62	8.23	-4.382 p<.01	6.69	7.31	-3.411 p<.01	6.92	7.08	-0.562 n.s.	7.69	7.85	-0.805 n.s.	36.00	38.54	-2.538 n.s.
標準偏差	0.95	0.86		0.87	1.01		1.80	1.34		1.44	1.55		1.38	1.41		3.87	4.50	

結果と考察
〜状況判断的知識に関する理解〜

○ 「相手コートにボールを入れ続ける」（戦術①）

○ 「相手を走らせる」（戦術②）

○ 「相手ショットに対して適切なポジションをとる」（戦術③）

　といった、高度なラケット操作スキルを伴わずに状況判断可能な状況判断的知識については、理解が図られる一方で、

△「得意なショットを使う」（戦術4）

△「相手の弱点を攻める」（戦術5）

　といった、高度なラケット操作スキルを伴いながら状況判断をしなければならないような状況判断的知識については、十分に理解が図られないことが示唆されました。

（2）満足感について

〈結果と考察〜形成的授業評価の変容〜〉

次元	形成的授業評価得点　平均（評価）															
	1回目		2回目		3回目		4回目		5回目		6回目		7回目		8回目	
成果	2.64	4	2.29	3	2.37	3	2.43	3	2.81	5	2.73	5	2.88	5	2.93	5
意欲・関心	3	5	2.69	3	2.8	3	2.90	4	3	5	3	5	3	5	3.00	5
学び方	2.79	4	2.5	3	2.6	3	2.6	3	2.83	4	2.77	4	2.89	5	2.9	5
協力	2.67	4	2.5	3	2.65	4	2.4	3	2.58	3	2.41	3	2.68	4	2.72	4
総合	2.76	4	2.47	3	2.58	4	2.57	3	2.81	5	2.73	4	2.87	5	2.89	5

・これらの結果から、参加児童は、前半からおおむね、後半からは十分に受け入れており、また児童は興味・関心を高くもったうえで学びを深められていたことからも満足感の高いプログラムになったと考察できます。

・一方で、「協力」次元が他の次元と比較し高まらなかったことについて、小学校体育授業で実践されている「テニピン」（今井、2021）のように、チームで作戦を立てるなど協働的に問題解決を目指す環境づくりをしていくことの重要性が指摘できます。

　この短期テニス教室プログラムは、満足感の高いプログラムであり、高度なラケット操作スキルを伴わずに状況判断可能な状況判断的知識については、理解が図られたことからも一定の有効性が認められるプログラムであることが示唆されました。

テニピンリーダーへの道

テニピンとP&Sを融合させるべし!

03 テニス普及を超えた育成・強化の視点

動画でCheck!

ジュニア時代に求められるテニススキル

　まず、テニスは**オープンスキル**を身に付けてプレーする競技であることを理解する必要があります。球出しからストロークの練習、サービスの練習は、**クローズドスキル**の練習です。クローズドスキルの習得も大事ですが、テニスは相手から送られてきたボールに対して、状況判断しながら身に付けたスキルを発揮しなくてはならないため、単一的なクローズドスキルの習得を目指した指導では、ゲームの中で生かされない場面も多いのです。

テニピンがなぜジュニア時代のテニススキルに効果的なのか

（1）テニスパフォーマンス発達過程

・低年齢化した勝利至上主義に歯止めをかける
・幼少期は多様な運動経験を通した多様な動きの獲得を目指す（コーディネーション能力の開発）

（2）ハイパフォーマンスなテニスを目指す長期的な視点

・基礎的な動作スキル（36 の基本動作のうちテニスは 16 含まれる）
・アスレティックな動作スキル（他領域につながる運動動作／投げる・捕る等）
・幼少期は多様な運動経験を重視し、多様な動きの獲得を目指す
・テニスは基礎的な動作スキルがたくさんある。ゲームの中でその動きを開発できる易しいテニピンの役割は大きい

テニスで行う 16 の動き

（3）ジュニア時代に開発すべきスキルと考え方（中山、2023－部改変）

〈12歳以下のプレーヤーに対して開発すべきポイント〉

①打球技術における正しい動作スキルの開発

・運動のリズム

・コーディネーション（正しい動作による再現性と効率のよい動作の獲得）

・多様なフットワーク

②バリエーションに富んだ打球スキルの開発

・状況に適したスタンス・タイミングの変化、ボールコントロール、切り返し動作の多彩さ

③戦術的状況の理解

・ニュートラルな状況、アタックの状況、ディフェンスの状況

④自ら考える力の開発

・課題を提示し、主体的な問題解決を図る（課題－実践－振り返り－新たな課題のスパイラルで学びを積み重ねる）

・ターゲットゾーンの提示を通して、ショットとターゲットの選択を意識付ける

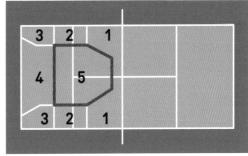

ワンポイントチェック〜茂樹先生と修造先生から一言〜

テニピンマスターの視点から

テニピンは多様な動きを獲得することに大きく貢献できることをこれまでに述べてきました。幼少期に多様な動きを獲得することは、身体が成長したときのハイパフォーマンスの源となります。

自ら状況判断する力、問題解決する力、決断する力を高めることは、世界で闘っていくうえで、欠かせません。幼少期から、ゲームベースのテニピンでこうした力を育むことの意味はとても大きいものです。

プロテニスの視点から

テニピンリーダーへの道

テニピンでオープンスキルを身に付けるべし！

04 TENNIS及びTENNIS PLAY&STAYへの接続①
―テニス普及プログラム―

テニピンからテニスへ

テニピンはテニスへの接続に効果的であることをこれまでに述べてきました。具体的には、①**コーディネーションや多様な動きの獲得**、②**打点感覚やバウンドのリズムに身体を合わせる感覚の獲得**、③**状況判断能力・戦術的視点の獲得**、④**ラケット操作スキルの獲得**が挙げられます。このことに関連した指導内容を紹介してきましたが、ここでは、テニピンとP&Sを接続したテニス普及プログラムと指導内容についての詳細を紹介します。

テニピンとTENNIS PLAY&STAYを融合させたプログラムの開発

テニピンは小学校体育授業のテニス型ゲーム教材として、P&Sはテニス普及プログラムとして、各々独自の目的のもと、プログラムを作成し、実施されてきました。そのため、テニピンとP&Sを融合したプログラムは実施されてきませんでした。

一方で、両者はゲームを通して、子どもたちにテニスの面白さを味わわせたいという同じ目的をもっています。しかしながら、指導内容の共通点については検討されてきていません。そこで、テニピンとP&Sを融合したプログラムを開発し、指導内容を検討することは、テニス普及プログラムとして、一定の価値を見いだせると考えました。

開発の視点として、指導内容に共通性をもたせ、融合プログラムの基盤としました。その視点は、①課題提示と振り返り場面をもち、学びを確認する、②テニピン遊びで実施したウォームアップを基に、P&Sでは類似した、もしくは発展させた練習内容とする、③ゲームベースで実施し、ゲームの面白さを味わわせるの3点です。

	テニピンプログラム（45分） ➡	PLAY & STAY プログラム（60分）
導入・展開・終末	1. 自己紹介・めあての確認「上手に打ち返すコツを考えて、テニピンを楽しもう」 2. ウォームアップ：テニピン遊び（遊びながら用具やボール操作に慣れる） 3. ねらってみそ（フラフープにボールを入れることを目指す） 4. キャッチ＆スロー（素手でボールを扱い、考えた攻め方・守り方を実現しやすくしたテニピンの下位教材を行う） 5. キャッチ＆ショット：テニピン（一度キャッチしてから返球することを認め、直接返球できる子は積極的に直接返球を促す） 6. 振り返り	1. 注意事項「話を聞くときや待機中はラケットを振らない」など 2. ゴロラリー（ペアでボールを転がしながらラリーをする） 3. セルフラリー（個々でボールを下についたり、上に打ち上げたりしてラリーをする） 4. パートナーラリー（ペアの中央に描いた円に1バウンドさせて交互に打つという協力ラリーをする） 5. キャッチ＆ショット（一度キャッチし、相手に返球してラリーをする） 6. 直接返球によるラリー（ペア同士で直接返球のラリーをする） 7. シングルスのゲーム（子ども同士でゲームをする） 8. 振り返り

指導内容の詳細

　左下の表は、テニピンプログラムとP&Sプログラムのそれぞれの指導内容を示しています。

　テニピンを45分間先に行い、その後、P&Sを60分間行う流れでテニス普及プログラムを開発しました。その効果については、次のページで報告します。

　テニピンプログラムの指導内容については、p.52-53を参照ください。P&Sプログラムの指導内容の詳細は、下記のとおりです。

①ゴロラリー

　ペアになり、手の平、手の甲側でボールを転がしながらラリーをします。その後、「おもて」と言われたら手の平側で、「うら」と言われたら手の甲側で返球することを課題として、言われた側で返球できなかったら、相手の得点となる形で得点を競い合うゲームを行います。

②セルフラリー

　個々で手の平側でボールを下についたり、その後、上にボールを打ち上げ、バウンドしたボールを手の平側や甲側で打ったり、交互で打ったりする遊びを行います。

③パートナーラリー

　ペアになり、2m間隔で向き合った中央に大きく円を描き、その中に1バウンドさせて交互に打つという協力ラリーを行います。

④キャッチ＆ショット

　まずは、ネットのないところで、相手から送られてきたボールを一度キャッチし、ボールを前足あたりにバウンドさせて、相手に返球することとし、その後、慣れてきた段階でネットを置き、ネット越しで行うようにします。ペアに向けて、やさしくボールを運ぶようにラケットを振り、少し山なりに打つことを意識付けます。

⑤直接返球によるラリー

　ネットを挟んで、ペア同士でラリーを数多く続けることを目的として行います。子ども同士でのラリーが難しい場合は、コーチと何回続けられるかに課題を切り替えます。

⑥シングルスのゲーム

　サーブはコート内の好きな場所から、1バウンドさせて打つ、もしくは下から投げ入れる形で行い、2分から3分のタイムマッチ形式で行います。中・高学年については、子ども同士でゲームを行い、園児、低学年については、状況に応じて、コーチが入るなどして行います。

04 TENNIS及びTENNIS PLAY&STAYへの接続②
─プログラムの効果─

ラケット操作スキル及び満足感の高まり

　テニピンとP&Sを接続したテニス普及プログラムについては、約2時間のプログラムで**ラケット操作スキル**が向上することが明らかとなりました。また、このプログラムの満足度調査をしたところ、子どもたちは、**テニスの面白さ**を十分に味わうことができたことも併せて確認することができました。こうしたプログラムを日本全国のテニス普及イベントで実施し、子どもたちをテニスの面白さに誘っていきたいものです。

ラケット操作スキル習得について

　下の表は、テニス未経験の2年生男子児童、4年生男子児童、6年生女子児童の3名の返球成功率を示した結果です。返球成功率とは、1分間にコーチから送られてきたボールを返球することにチャレンジした総数に対して、5m×5mのコーチ側のコート内へ返球することに成功した数が占める割合を示したものです。調査の結果は、以下のとおりです。

① テニス普及プログラムとして、テニピンプログラムとP&Sプログラムを融合して実施することは、ラケット操作スキル習得に一定の効果が認められました。テニピンを経験していることにより、「正の転移」が起こり、**打点に入る力や用具を操作して返球する力**を高めることに効果があったと推察されます。

② 低学年対象においては、ハンドラケットからラケットへの移行に難しさを感じていたことが予測され、ラケットを使用したP&Sプログラムの指導内容については、子どもの実態に応じて、より易しい内容の検討が必要であることが示されました。

	テニピン前		テニピン後		P&S 前		P&S 後	
	返球成功数／返球総数	返球成功率 (%)	返球成功数／返球総数	返球成功率 (%)	返球成功数／返球総数	返球成功率 (%)	返球成功数／返球総数	返球成功率 (%)
2年男	5/11	45%	9/14	64%	7/14	50%	6/10	60%
4年男	8/12	66%	13/16	81%	9/12	75%	13/15	86%
6年女	7/11	63%	12/14	85%	11/14	78%	15/16	93%

面白さの意識について

　テニス未経験の子どもたち18名を対象に実施しました。「テニピンの体験は面白かったですか」「P&Sの体験は面白かったですか」の質問紙調査を5件法（はい〜いいえまでの5段階）で実施しました。面白さの意識に関する自由回答については、樋口（2021）が開発したKHコーダーを使用し、テキストマイニングによる計量分析を実施しました。下の図はP&Sプログラムの面白さに関する共起ネットワークです。

　いずれも、18名全員が「はい」「どちらかというとはい」と回答しており、**十分に面白さを味わうことができるプログラム**だったと言えます。なお、抽出されたラケット操作スキル調査の対象児童3名は、テニピンプログラム及びP&Sプログラム共に、「はい」と回答していました。

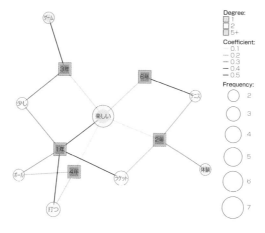

ワンポイントチェック〜茂樹先生と修造先生から一言〜

テニピンマスターの視点から

テニピンから始めることにより、ラケット操作スキルを身に付けやすくなることがわかった一方で、低学年では、それでも難しい！ことも明らかになりました。テニピンを活用しながらのよりよい指導法の検討が必要です。

テキストマイニングによる満足感の調査はとても興味深いです。回答内容からも、「テニスラケットを使って、ボールを打つ経験をしたことで、本格的なテニスの楽しさを体験できた」と解釈することができますね。

プロテニスの視点から

テニピンリーダーへの道

テニスの面白さを融合プログラムで味わわせるべし!

理解度チェックリスト

第3章で学んだことや身に付いた知識を、チェックリストで振り返りましょう！

1 技能的ステップアップ・戦術的ステップアップ①：シングルスでの活用事例の紹介

☐ テニピンのシングルスゲームを行い、攻防の組み立て方や問題解決力を養う。

☐ オーバーハンドサーブ～ワンボレー有などのルールの工夫を行い、より深いテニスの状況判断力を高める。

2 技能的ステップアップ・戦術的ステップアップ②：状況判断能力とスキルの融合

☐ 状況判断能力とスキルは重ね合わせて指導する。

☐ 1～5の図面を示して、2番を攻めることの有効性に焦点化する。

3 評価のステップアップ①：状況判断的知識の定着を図る

☐ 適切な状況判断的知識を定着させ、満足感を示すことができれば、状況判断を通してゲームを楽しむことの1つの指標となる。

☐ 5つの基本戦術を基に、児童期に達成したい状況判断に関する項目について検討して作成した状況判断的知識テストを活用する。

4 評価のステップアップ②：短期テニス教室プログラム実践例

☐ 状況判断を強調し、ゲームの面白さを味わうことに重きを置いた短期テニス教室プログラムを活用する。

☐ 満足感の高いプログラムであるとともに、高度なラケット操作スキルを伴わずに状況判断可能な状況判断的知識については、理解が図られたことからも一定の有効性が認められるプログラムである。

5 テニス普及を超えた育成・強化の視点①：12歳以下に求められる世界を目指すうえでの必要条件

- ☐ テニスはオープンスキルを身に付けてプレーする競技種目である。
- ☐ テニピンによる多様な動きの獲得は、将来のハイパフォーマンスの源となる。

6 テニス普及を超えた育成・強化の視点②：テニピンレッスンプログラム

- ☐ ゲームベースドでテニスの戦術や状況判断を学ぶ。
- ☐ ターゲットゾーンを設定したレッスンプログラムをつくり、2番の効果的な攻め方、組み立て方について焦点化する。

7 TENNIS 及び TENNIS PLAY & STAY への接続①：テニス普及プログラム

- ☐ テニピンはテニスへの接続に4つの視点から効果的であることが示された。
- ☐ テニピンと P&S の融合プログラムは、指導内容に3つの共通点がある。

8 TENNIS 及び TENNIS PLAY & STAY への接続②：プログラムの効果

- ☐ テニピンと P&S の融合プログラムの効果としては、ラケット操作スキルと満足感の向上が挙げられる。
- ☐ 一方で、低学年の子どもにとっては困難な面があることが示され、テニピンを活用しながらよりよい指導法の検討が求められる。

茂樹先生からの振り返り〜第3章を通して学んだこと〜

第3章では、テニピンからテニスへと発展していく際の接続の視点やテニスの育成強化の視点について触れてきました。テニスに移行した際に、テニピンで身に付けたオープンスキルが大いに発揮されていくことでしょう。テニスでは、局面において瞬時に状況を判断し、遂行していかなければなりません。幼少期にテニピンを経験していることによって、瞬時の状況判断が可能になります。こうした力はハイパフォーマンスの源となります。

第3章 ステップアップ 〜目指せ！テニピンマスターへの道〜

参考・引用文献一覧

・Blair,S.N.,Clark,D.G.,Cureton,K.J.and Powell,K.E.(1989).Exercise and fitness in childhood:implications for a lifetime of health.In Perspectives in Exercise Science and sports Medicine,Vol.2:Youth,Exercise and Sport(edited by C.V.Gisolfi and D.R.Lamb),pp.401-430.NewYork:McGraw-Hill.

・Ｍ.チクセントミハイ［著］、今村浩明［訳］（1979）『楽しみの社会学　—不安と倦怠を越えて』思索社

・ハイナー・ギルマイスター［著］、稲垣正浩・奈良重幸・船井廣則［訳］（1993）『テニスの文化史』大修館書店

・ヨハン・ホイジンガ［著］、高橋英夫［訳］（1973）『ホモルーデンス』中央公論社

・今井茂樹 (2019)「個が輝く！テニス型授業−テニピンを教える指導者のためのガイドブックー」（公財）日本テニス協会

・今井茂樹［著］(2021)『小学校体育新教材　個が輝く！「テニピン」の授業づくり』東洋館出版社

・今井茂樹［著］（2021）『小学校体育　全員参加の指導テクニック』明治図書出版

・今井茂樹 (2021)「小学校体育におけるテニス型ゲームの授業づくりに関する一考察−児童からみた『テニピン』の面白さと触球数及び得点数に着目して−」テニスの科学、29:27-37.

・今井茂樹・佐藤善人（2022）「小学校体育の攻守一体ネット型ゲームにおける用具操作の技能習得に関する研究　−『テニピン』経験有無の比較検討を通して−」日本教科教育学会誌、44(4):13-25.

・山内紀幸・本田伊克［編著］（2022）『新時代の教育課程論』一藝社、pp154-167.（今井茂樹「カリキュラム・マネジメントとは」）

・今井茂樹（2023）「児童期におけるテニス普及プログラム開発及び指導内容の効果に関する事例研究　−用具操作技能習得及び面白さの意識に着目して−」コーチング学研究 36(2):113-125.

・Ｒ・カイヨワ［著］、清水幾太郎・霧生和夫［訳］（1970）『遊びと人間』岩波書店

・春日晃章（2011）「テニスで行う 16 の動作」公認スポーツ指導者講師全国研修会資料

・公益財団法人日本テニス協会（2016）「TENNIS PLAY & STAY」公益財団法人日本テニス協会

・リンダ・L・グリフィン、ほか［著］、高橋健夫・岡出美則［監訳］(1999)『ボール運動の指導プログラム　－楽しい戦術学習の進め方－』大修館書店

・文部科学省（2008）『幼稚園教育要領』

・文部科学省（2017）『小学校学習指導要領（平成 29 年告示）解説　体育編』

・中村和彦［著］（2011）『運動神経がよくなる本　－「バランス」「移動」「操作」で身体は変わる！－』マキノ出版

・公益財団法人日本テニス協会［編］（2023）『テニス指導教本Ⅱ』大修館書店、pp76-93.（中山芳徳「ジュニアプレーヤーの指導」）

・日本スポーツ協会スポーツ医・科学委員会「アクティブ チャイルド プログラム普及・啓発プロジェクト」（2021）「JSPO-ACP アクティブ チャイルド プログラム第 2 版」（公財）日本スポーツ協会

・Rafael,M. and Tim,J.,Miguel,C. (2022) Impact of the ITF Tennis Play and Stay campaign on 10-and-under tennis: The views of top National Federation experts.ITF Coaching&Sport Science Rview30(86):37-41.

・ショーンボーン（2015）『テニスを徹底的に科学する Tennis Magazine extra』ベースボール・マガジン社.

・鈴木秀人・山本理人・杉山哲司・佐藤善人［編著］（2021）『小学校の体育授業づくり入門第六版』学文社

・高橋健夫（1993）「これからの体育授業と教材研究のあり方」体育科教育 41(4):19-21.

・寺尾大地・大塚修平［著］（2021）『動画でわかる！小学校体育コーディネーション運動 50』明治図書出版

・公益財団法人日本テニス協会［編］（2023）『テニス指導教本Ⅱ』大修館書店、pp68-75.（横松尚志「ゲームに基づいた指導」）

監修者・著者紹介

監修

公益財団法人 日本テニス協会

1922年に日本庭球協会として発足。わが国におけるテニス界を統轄し、代表する団体としてテニスを通じ、人と人、国と国とをつなぎ、その素晴らしさを伝え、すべての人が健やかで幸福な人生を享受できるような、多様性と調和のある社会の実現に貢献することを、理念としている。日本スポーツ協会、日本オリンピック委員会、国際テニス連盟、アジアテニス連盟に加盟。

著者

今井 茂樹
山梨学院短期大学准教授

1979年、長野県岡谷市出身。東京学芸大学教育学部特別教科教員養成課程保健体育科卒業後、同大学院教育学研究科保健体育専修修了。天津日本人学校、東京学芸大学附属小金井小学校を経て現職。日本テニス協会普及推進本部副本部長を兼務。小学校体育テニス型ゲーム「テニピン」開発者。主な著書に『小学校体育 全員参加の指導テクニック』(明治図書出版)、『小学校体育新教材 個が輝く!「テニピン」の授業づくり』(東洋館出版社)がある。

日本テニス協会認定資格

テニピンリーダー公式テキスト

～今、求められる幼少期の子どもたちへの運動・スポーツ指導～

2024（令和6）年3月29日　初版第1刷発行

監修者　　公益財団法人 日本テニス協会
著　者　　今井茂樹
発行者　　錦織圭之介
発行所　　株式会社　東洋館出版社
〒101-0054 東京都千代田区神田錦町2丁目9番1号
　　　　　　　コンフォール安田ビル2階
代　表 TEL：03-6778-4343　FAX：03-5281-8091
営業部 TEL：03-6778-7278　FAX：03-5281-8092
振替 00180-7-96823
URL　https://www.toyokanbooks.com

[装　丁] 中濱健治
[イラスト] オセロ（池田馨）／原恵美子
[画像提供] PIXTA（TM Photo album／hekinan）
[組版] 株式会社明昌堂
[印刷・製本] 株式会社シナノ

ISBN978-4-491-05499-5　Printed in Japan